STEFAN EINHORN

DIE KUNST, EIN FREUNDLICHER MENSCH ZU SEIN

Aus dem Schwedischen
von Susanne Dahmann

| Hoffmann und Campe |

Die Originalausgabe erschien 2005 unter
dem Titel »Konsten att vara snäll«
im Verlag Forum, Stockholm

1. Auflage 2007
Copyright © 2005 by Stefan Einhorn
Alle Rechte vorbehalten
Deutsche Ausgabe
Copyright © 2007 by Hoffmann und Campe Verlag GmbH,
Hamburg
www.hoca.de
Satz: Dörlemann Satz, Lemförde
Gesetzt aus der Janson und der Meta
Druck und Bindung: GGP Media GmbH, Pößneck
Printed in Germany
ISBN 978-3-455-50022-6

Ein Unternehmen der
GANSKE VERLAGSGRUPPE

INHALT

Einleitung	11
Über Freundlichkeit und Ethik	21
Falsche Freundlichkeit …	41
… und echte Freundlichkeit	61
Äußere Hemmnisse	85
Lohnt es sich, ein freundlicher Mensch zu sein?	117
Erfolg	169
Freundlichkeit und Erfolg	187
Abschluss	233
Vorschläge zum Weiterlesen	239

Meiner Familie, meinen Freunden
und meinen Kollegen – für alles, was ihr
getan habt, und für alles, was ihr tut

Das Leben ist so weise eingerichtet,
dass niemand ernsthaft versuchen kann,
anderen zu helfen, ohne sich dabei
selbst zu helfen.

Ralph Waldo Emerson

EINLEITUNG

Als ich am Morgen in die Ambulanz kam, merkte ich sofort, dass eine unruhige Stimmung herrschte. »Was ist denn passiert?«, fragte ich die Krankenschwester in der Aufnahme. Sie sah mich bekümmert an, ehe sie antwortete: »Heute Nacht ist eine Ihrer Patientinnen gestorben. Der diensthabende Arzt war vorhin hier und hat allen erzählt, er habe die Angehörigen aufgefordert, Sie bei der Ärztekammer anzuzeigen. Wenn sie das nicht täten, würde er es selbst tun. Anscheinend sind die Angehörigen furchtbar wütend auf Sie.«

Ich wusste sofort, um welche Patientin es sich handelte. Tags zuvor war eine ungefähr fünfundsiebzig Jahre alte fröhliche Dame in meiner Sprechstunde gewesen. Sie war zusammen mit ihrem Sohn gekommen. Es ging um eine zweite Behandlung mit Zytostatika, die sie wegen ihrer Krebserkrankung erhalten sollte. Wir waren uns zuvor noch nie persönlich begegnet. Sie litt an einem malignen Lymphom – Lymphknotenkrebs, wie es umgangssprachlich genannt wird –, das zum Tode führt, wenn es nicht behandelt wird, während mit einer Therapie ungefähr die Hälfte der Patienten überlebt. Nach der ersten Behandlung hatte sie Herzbeschwerden bekommen und war zur

Beobachtung im Krankenhaus behalten worden. Doch jetzt fühlte sie sich gut und war bereit, den zweiten Therapiedurchgang zu beginnen. Wir führten ein langes Gespräch, in dem ich unter anderem die Gefahren erläuterte, die eine neuerliche Behandlung für ihr Herz mit sich bringen würde, wies aber darauf hin, dass es gleichzeitig ihre einzige Chance sei, die Krankheit zu besiegen. Sie sei sich der Risiken bewusst, antwortete sie, und wolle die Therapie fortsetzen. Daraufhin schlug ich ihr vor, im Anschluss an die Behandlung die Nacht auf der Station zu verbringen, doch das lehnte sie ab. Sie wolle gleich, nachdem sie fertig sei, wieder gehen, erkärte sie. Sie würde bei ihrem Sohn übernachten, das genüge als Kontrolle. Ich insistierte nicht.

Als wir dann an der Tür standen und das Gespräch beendeten, sah sie mich mit einem Lächeln an und sagte: »Sie sind ein netter Doktor, der sich so viel Zeit nimmt, um mit einer alten Frau zu reden, wo doch Ihr Wartezimmer voller Leute ist.« »Das mache ich sehr gern, und ich habe mich gefreut, Sie kennenzulernen«, antwortete ich und überlegte gleichzeitig, ob ich, wenn ich ein Stück weit in die Mittagspause arbeitete, bis zum Nachmittag wieder im Zeitplan sein könnte.

Nachts war die alte Dame dann mit Herzbeschwerden eingeliefert worden, und der diensthabende Arzt hatte sie auf Station legen lassen. Ein paar Stunden später hatte man sie tot im Bett gefunden.

Wenn man es mit Krebspatienten zu tun hat, ist man daran gewöhnt, dass es zu Todesfällen kommt. Es macht mich immer traurig, doch hier lagen die Dinge noch einmal anders. Es war eine große Belastung, dass eine Patientin vielleicht aufgrund einer Fehleinschätzung von mir gestorben war. Ich ging noch einmal durch, wie sich das alles abgespielt hatte. Meiner Auffassung nach war die Entscheidung, die Therapie fortzuführen, richtig gewesen, zumal die Patientin, im Wissen um die Risiken, der Behandlung gegenüber positiv eingestellt gewesen war. Aber ich hätte darauf bestehen können, sie die Nacht über stationär aufzunehmen. Warum hatte ich das nicht getan?

Während mir diese Gedanken durch den Kopf schwirrten, machte ich mich daran, den Sohn der Frau anzurufen. Als der Hörer am anderen Ende abgenommen worden war und ich mich vorgestellt hatte, wappnete ich mich gegen einen Ausbruch von Beschuldigungen und war deshalb sehr erstaunt, als er sagte: »Wie schön, dass Sie anrufen. Ich möchte Ihnen dafür danken, wie Sie sich um meine Mutter gekümmert haben.« Er erzählte, was im Verlauf der Nacht geschehen war und was das jetzt für ihn und die anderen Angehörigen bedeutete. Wir unterhielten uns eine Weile über seine Mutter und das Geschehene.

Dann berichtete ich, dass man mich wegen der Art und Weise, wie ich mit seiner Mutter verfahren war, angegriffen hatte. Zu meinem Erstaunen antwortete er: »Aber so war es doch gar nicht. Sie haben darauf bestanden, sie dazubehalten, aber sie hat sich geweigert. Das ist meine feste Überzeugung, und wenn man Sie anzeigen sollte, dann werde ich zu Ihren Gunsten aussagen.« Überrascht über seine Unterstützung und darüber, dass mich meine Erinnerung anscheinend so täuschte, betonte ich, er möge sich gern bei uns melden, wenn es noch Fragen zu klären gäbe.

Er schwieg einen Moment, und dann sagte er: »Es gibt noch etwas, das Sie wissen sollen. Mama hat gesagt, dass sie den diensthabenden Arzt nicht mochte, dass Sie aber sehr freundlich zu ihr gewesen seien. Deshalb werde ich nichts unternehmen, was Ihnen schaden könnte.« Nach dem Gespräch saß ich eine Weile mit dem Hörer in der Hand da und dachte über seine Worte nach. Ich hatte mich keineswegs falsch an das Gespräch mit seiner Mutter erinnert. Der Sohn wusste, dass ich nicht auf einer stationären Aufnahme bestanden hatte. Er hatte sich dafür entschieden, mich zu schützen.

Ich wurde nicht angezeigt – der Oberarzt war der Ansicht, mir seien keine formellen Fehler unterlaufen; vielmehr wäre es Sache des diensthabenden Arztes gewesen, einen Herzspezialisten heranzuziehen, um die Patientin zu untersuchen. Hätten mich die Angehörigen angezeigt, wäre ich gezwungen gewesen, den ganzen zermürbenden Papierkrieg mit der Sozialverwaltung und viele Monate der Ungewissheit durchzustehen. Das alles war mir erspart geblieben, weil man mich als freundlichen Menschen wahrgenommen hatte.

Ich habe schon oft Anlass gehabt, über Wörter wie »freundlich«, »nett« oder auch »lieb« nachzudenken. Als Kind bekam ich, wie viele andere auch, zu hören: »Das war aber nicht nett von dir« oder »Du sollst lieb zu deiner Schwester sein.« Bei Erwachsenen kommt das Wort »nett« manchmal in anderen Zusammenhängen vor: »Ja, nett ist er schon, aber das sind die Kühe auf der Weide auch« oder: »Immerhin: Nett ist sie jedenfalls.«

Wie ist das nun mit der Eigenschaft »nett«? Handelt es sich um eine positive oder um eine negative Eigenschaft? Ist es gut oder schlecht, freundlich zu sein? Es scheint, als würde bei Erwachsenen der Begriff »nett« oder »liebenswert« oft an ein Verhalten gebunden, das als infantil oder unreif erlebt wird. Und man hat auch den Eindruck, als gälten freundliche Menschen immer auch als etwas einfältig oder naiv. Manchmal bezeichnet der Begriff »nett« aber auch einen unsicheren Menschen, einen, der sich nicht traut, seine Meinung zu sagen. Ein erwachsener netter Mensch ist ein Weichei, während Kinder durchaus nett sein dürfen.

Und wie steht es mit dem Wort »gut«, das für mich fast gleichbedeutend mit »freundlich« ist. »Ein guter Mensch« ist eine Äußerung, die wir fast niemals hören, höchstens einmal über Verstorbene. Wenn es heißt, jemand sei ein guter Mensch, dann geschieht dies oft mit einem ironischen Unterton.

Wie hat es dazu kommen können? Warum haben Bezeichnungen wie »freundlich«, »nett« und »gut« einen negativen Unterton bekommen? Jedes Mal, wenn ich diesen abwertenden Beiklang höre, bin ich erstaunt und frage mich, ob die Leute, die ihn äußern, begriffen haben, wer hier eigentlich besser verstanden hat, was im Leben wichtig ist. Es ist an der Zeit für einen Paradigmenwechsel in der Bewertung des freundlichen Menschen.

Für mich ist ein freundlicher Mensch jemand, der ethisches Handeln verinnerlicht hat. Er hat stets seine Fürsorgepflicht gegenüber den Mitmenschen im Blick. In meinen Ohren klingt das nach einer sehr guten Eigenschaft. Und vor allem ist der freundliche Mensch alles andere als dumm oder naiv. Er ist vielmehr sehr klug, denn er hat – bewusst oder unbewusst – verstanden, worum es wirklich geht: Was wir für andere tun, tun wir auch für uns selbst.

Wenn wir uns unseren Mitmenschen und unserer Umwelt gegenüber freundlich verhalten, können wir nur gewinnen. Tun wir es hingegen nicht, verlieren wir viel. Wer freundlich ist, befindet sich auf einem Erfolgsweg. Ich glaube tatsächlich, dass Freundlichkeit der wichtigste der unabhängigen Faktoren ist, die bestimmen, wie erfolgreich wir in unserem Leben sind. Wenn wir also nicht aus irgendeinem anderen Grund freundlich handeln, dann können wir es für uns selbst tun, denn wir wollen schließlich Erfolg haben. Der amerikanische Schriftsteller James Freeman Clarke hat dies folgendermaßen formuliert: »Streben Sie danach, Gutes zu tun, und Sie werden erleben, dass das Glück Ihnen auf den Fersen folgt.«

Das Interessante daran ist, dass dies nicht nur für Individuen gilt, sondern auch für Gruppen, Organisationen und Gesellschaften. Wenn wir uns einzelne Abschnitte der Geschichte ansehen, dann kann man leicht den Eindruck gewinnen, es sei gerade andersherum. Oft haben rücksichtslose und totalitäre Staaten bedeutend bessere Gesellschaften unterworfen. Doch diese Eroberungen erwiesen sich in der Regel als kurzlebig. Sie haben nicht selten zum Untergang der schlechten Gesellschaften geführt. Es ist meine Überzeugung, dass es auf lange Sicht die fürsorglichen und guten Gesellschaften sind, die siegen.

Es ist nicht immer einfach, den Vorsatz, freundlich zu sein, in die Tat umzusetzen. So ist Freundlichkeit zum Beispiel nicht immer vereinbar damit, den Wünschen anderer Vorrang zu geben, vor allem, wenn sich die anderen täuschen und ihr Handeln negative Auswirkungen haben kann. Freundlich zu sein bedeutet auch nicht, kein Rückgrat zu zeigen und sich von anderen ausnutzen zu lassen. Oder mitzumachen und Dinge zu tun, die einem widerstreben.

Freundlichkeit ist eine Eigenschaft, die mit einer großen Portion Umsicht verwaltet werden muss. In Ausnahmefällen kann man vielleicht sogar auf eine Weise handeln müssen, die von anderen auf kurze Sicht nicht gutgeheißen wird. Ich habe mich unter anderem deshalb entschieden, dieses Buch zu schreiben. Es ist wirklich, wie der Titel sagt, eine Kunst, auf echte, positive und gute Art ein freundlicher Mensch zu sein.

Manche behaupten, Menschen seien im Grunde ihres Herzens schlecht und vieles von dem, was zwischen ihnen geschieht, sei böse. Da bin ich anderer Meinung. Ich glaube vielmehr an das Gegenteil: Das meiste, was wir füreinander tun, ist gut. Die allermeisten Menschen streben im Grunde danach, das Richtige zu tun.

Ich halte viele Vorträge über Ethik und darüber, wie wir unseren Mitmenschen begegnen sollten. Zu Beginn stelle ich dem Publikum immer eine Frage, nämlich, welche der folgenden Eigenschaften sie am liebsten besäßen. Meist dürfen sie zwischen »intelligent«, »kreativ«, »erfolgreich im Beruf« und »humorvoll« wählen; manchmal nehme ich auch »reich« mit dazu (auch wenn das keine Eigenschaft ist). Und dann steht noch die Eigenschaft »guter Mitmensch« zur Wahl. Es wählen mehr als neunzig Prozent der Menschen im Publikum die letztgenannte Eigenschaft. Diese Zahlen sprechen eine deutliche Sprache: Wir halten es für wichtig, gut zu sein, wichtiger als unendliche Reichtümer oder Superintelligenz zu besitzen. Und da es schon eine große Zahl Bücher gibt, die davon handeln, wie man reich, schlau, kreativ, gut im Job und so weiter wird, habe ich mir gedacht, dass es zumindest ein Buch darüber geben sollte, wie man mit Freundlichkeit Erfolg hat.

Man spricht gemeinhin von gewöhnlicher und von emotionaler Intelligenz. Der erste Begriff bezeichnet unser Vermögen, analytisch zu denken, der zweite unsere Fähigkeit, mit einer Situation gefühlsmäßig umzugehen. Ich denke, dass es noch eine dritte Form von Intelligenz gibt, nämlich die ethische Intelligenz. Unser ethischer IQ beziffert unsere Fähigkeit, Gutes zu tun. Wir haben sie zum Teil ererbt und zum Teil in der frühen Kindheit erworben. Doch es ist eine Form von Intelligenz, die wir im Verlauf unseres Lebens weiterentwickeln können. Unabhängig vom früheren Niveau unseres ethischen IQ können wir in dieser Hinsicht immer intelligenter werden. Und das ist eine wichtige Form von Intelligenz, denn sie ist ein grundlegender Faktor, wenn es darum geht, wie erfolgreich wir unser Leben führen.

In den ersten Kapiteln spreche ich über den Begriff der Freundlichkeit, über Ethik und Gutsein. Ich werde auch die üblichen Fallgruben beschreiben, die man umgehen muss, wenn man wirklich ein freundlicher Mensch sein will. Ich werde Argumente vorstellen, die zeigen, dass wir alles gewinnen können, wenn wir freundlich sind. Im Kapitel danach setze ich mich mit der Frage auseinander, was Erfolg ist, und suche nach einer Definition für diesen diffusen Begriff. Danach werde ich so vermessen sein, eine Anzahl handfester Ratschläge zu präsentieren, wie wir unser Gutsein, unsere Ethik, unsere Freundlichkeit anwenden können, um in unserem Leben erfolgreich zu sein.

Man kann dieses Buch von vorn nach hinten lesen, man kann sich ihm aber auch sehr gut etwas weniger strukturiert nähern und mal hier und mal dort anfangen zu lesen. Es ist nun einmal so, dass sich unterschiedliche Menschen für unterschiedliche Dinge interessieren, und das auf ganz verschiedene Weise.

Eines möchte ich jedoch – so selbstverständlich es auch sein mag – unbedingt unterstreichen: Man kann sich natürlich die Frage stellen, ob ich ein lebendes Beispiel dafür bin, wie freundlich ein Mensch sein kann. Die Antwort lautet: Nein, das bin ich nicht, aber ich versuche ständig, mich diesem Ideal des freundlichen Menschen anzunähern.

Es gibt keine perfekten Menschen, und wir sollten uns vor denen hüten, die von der Überzeugung durchdrungen sind, sie seien vollkommen. Verfallen wir einmal dem Glauben, wir hätten uns in unser eigenes Ideal verwandelt, dann ist der Zeitpunkt gekommen, noch einmal von vorn zu beginnen. Der durch und durch gute Mensch ist ein Gespenst, dem wir gern hinterherjagen dürfen, wenn wir es im Wissen darum tun, dass es ist, als suchte man den Schatz am Ende des Regenbogens – wir werden ihn nie wirklich erreichen. Aber jeder kann sich in dem Bewusstsein, dass wir nie perfekt sein werden, entschließen, einen besseren Menschen aus sich zu machen. Und dazu können wir immerhin einen – und nur diesen einen – Beitrag leisten: unser Möglichstes zu tun.

ÜBER FREUNDLICHKEIT
UND ETHIK

Eines Tages ruft Sie eine gute Freundin weinend an. Sie ist glücklich mit ihrem Mann, doch er ist furchtbar eifersüchtig. Jetzt war sie mit ihrem Exfreund essen, eine völlig harmlose Begegnung, doch ihr Mann hat davon erfahren und ist außer sich vor Wut. Ihre Freundin bittet Sie inständig, zu behaupten, Sie hätten mit ihr den Abend verbracht und der Exfreund sei nur zufällig vorbeigekommen und habe sich kurz an Ihren Tisch gesetzt. Können Sie sich vorstellen, Ihrer guten Freundin zuliebe zu lügen?

Ein weiteres Beispiel für ein ethisches Dilemma: Eine Arbeitskollegin hat in den letzten Monaten immer schlechtere Leistungen gezeigt. Als Sie sie darauf ansprechen, erzählt sie, ihr Sohn sei psychisch krank und habe versucht, sich das Leben zu nehmen. Sie versprechen ihr auf ihre Bitte hin, niemandem etwas davon zu sagen. Ein paar Wochen später haben Sie einen Termin mit Ihrem Chef, der Ihnen zu verstehen gibt, dass er der Kollegin kündigen möchte und dass der Vorstand am Nachmittag darüber entscheiden würde. Ihre Einwände fruchten nichts; Sie ahnen aber, dass es sein Herz erweichen würde, wenn Sie die Wahrheit erzählten. Ihre Kollegin ist nicht zu erreichen. Brechen Sie Ihr Versprechen und weihen den Chef in das Geheimnis ein?

In unserer Gesellschaft gibt es Normen und Prinzipien, denen wir folgen sollten. Das Gebot, nicht zu lügen, ist zum Beispiel eine Norm, über die wir uns alle einig sind. Auf der anderen Seite heißt es aber auch, dass wir uns für unsere Mitmenschen einsetzen sollen. Freundlichkeit kann sich unter Umständen darin ausdrücken, dass man für einen guten Freund lügt. Doch ist es richtig, die Unwahrheit zu sagen?

Ebenso gibt es die gesellschaftliche Norm, unsere Versprechen zu halten. Ein Versprechen darf nicht gebrochen werden. Auf der anderen Seite geraten wir manchmal in Situationen, in denen mehr Gutes entstehen kann, wenn wir gegen diese Norm verstoßen.

So kann man über die beiden Beispiele lange nachdenken. Wie wir uns auch verhalten, es wird doch immer sowohl richtig als auch falsch sein. Es gibt einen Bereich der Philosophie, der sich damit befasst, wie wir uns, mit unterschiedlichen Dilemmata konfrontiert, verhalten und wie wir an sie herangehen sollen: die Ethik. Ihre Wurzeln reichen viele tausend Jahre zurück. Ich denke, dass sich die Sphären des Freundlichseins und der Ethik in vieler Hinsicht decken.

Deshalb ist es meiner Meinung nach wichtig, dass wir ein wenig Zeit darauf verwenden, darüber nachzudenken, was Freundlichsein und Ethik bedeuten, welche Voraussetzungen wir haben, um auf gute Weise zu handeln, und wie wir diese Fähigkeit noch weiter zur Entfaltung bringen können.

Ethik

Der Begriff »Ethik« kann auf unterschiedliche Weise definiert werden. Ich bin der Ansicht, dass Ethik immer mit Beziehungen zu tun hat: zu unseren Mitmenschen, zu den Tieren, mit denen wir unsere Biosphäre teilen, und im Grunde genommen zur ganzen Erde. In der Ethik geht es darum, Verantwortung für diese Beziehungen zu übernehmen. Deshalb definiere ich Ethik als *die Art und Weise, in der wir zu unseren Mitmenschen und unserer Umwelt in Beziehung stehen*. Durch diese Definition wird auch die Tatsache unterstrichen, dass eine ethische Einstellung kein ungewöhnliches Unterfangen in unserem Alltag darstellt. Es geht bei Ethik nicht ausschließlich um Entscheidungen auf Leben und Tod. Jedes Mal, wenn wir einem Mitmenschen begegnen, begegnen wir auch der Ethik. Wie verhalte ich mich gegenüber dieser Person? Wie kann ich ihren Bedürfnissen am besten nachkommen? Wie viel Zeit kann ich dafür erübrigen? Welche Konsequenzen haben meine Handlungen? Soll ich in meinem Mitmenschen ein Objekt oder ein Individuum sehen? Ethik beschreibt somit die Kunst, (Mit-)Mensch zu sein.

Getreu meiner Definition geht aber unsere Verantwortung noch darüber hinaus. Wir tragen auch für unseren gesamten Planeten mit seinen Myriaden von Lebensformen, Pflanzen wie Tieren, Verantwortung. Der Mensch hat es nämlich in der Hand, die Welt zum Erblühen zu bringen oder sie in Schutt und Asche zu legen. Die Ethik ist somit eine Grundvoraussetzung für unsere Fähigkeit, Gutes zu tun, für eine menschliche Gesellschaft, für die

Möglichkeit des Menschen, als Art zu überleben, und für das Fortbestehen der ganzen Welt.

»Moral« ist ein Begriff, der oft verwendet wird, wenn es um Gut oder Böse geht. Ursprünglich gab es keinen Unterschied zwischen den Begriffen Moral und Ethik, da beide Wörter im Griechischen bzw. im Lateinischen Sittlichkeit oder Sittenlehre bezeichnen. Mit der Zeit hat sich die Bedeutung dieser Begriffe dann teilweise gewandelt. Eine Definition von Ethik lautet: »Die äußeren Normen, Gesetze und Regeln, denen zu folgen von uns erwartet wird.« Nach dieser Definition ist die Ethik das Rahmenwerk, innerhalb dessen wir uns als Individuen bewegen sollen. Moral hingegen kann als »die praktische Behandlung ethischer Wahlsituationen« aufgefasst werden, was bedeutet, dass die Moral regelt, wie wir als Individuen angesichts eines ethischen Dilemmas denken und handeln.

Der Rentner Sven bricht auf der Straße zusammen. Sogleich versammelt sich eine Gruppe Menschen um ihn, die den Krankenwagen rufen und ihm, nachdem er erklärt hat, er sei Diabetiker und gehe mit den Medikamenten ein wenig nachlässig um, etwas Saft zu trinken geben.

Der kleine Johan steht weinend im Einkaufszentrum, und sofort kommen mehrere Menschen auf ihn zu, sorgen dafür, dass er nicht allein ist und seine Mutter über Lautsprecher gesucht wird.

Elins Mann stirbt unerwartet an einem Herzinfarkt, und sie entdeckt plötzlich, wie viele Freunde sie hat, die ihr in ihrer Trauer beistehen.

Nachdem Anna in der U-Bahn an einer Gruppe grölender Jugendlicher vorbeigegangen ist, merkt sie, dass einer der Jungen ihr folgt. Sie bekommt es gerade schon mit der Angst zu tun, als er bei ihr ist und ihr den Geldbeutel überreicht, der aus ihrer Handtasche gefallen war.

Es gibt viele Beispiele dafür, dass Menschen einander Gutes tun und füreinander sorgen. Aber warum verhalten wir uns denn in den allermeisten Fällen unseren Mitmenschen gegenüber gut? Warum verprügeln wir unseren Nachbarn nicht, wenn er am Samstagmorgen um sieben anfängt, den Rasen zu mähen? Warum stehlen wir ein nicht abgeschlossenes Auto nicht einfach von der Straße, wenn es doch schöner ist als unser eigenes? Warum verhalten wir uns meist gerecht, freundlich und fürsorglich gegenüber unseren Mitmenschen?

Die Antwort ist: Wir wissen es nicht genau. Die Vertreter der Religionen behaupten, der Grund dafür sei, dass es ein göttliches »Naturgesetz« gebe, dem zufolge gute Taten belohnt und schlechte bestraft würden, und dass die Fähigkeit, zwischen Gut und Böse zu unterscheiden, in der Natur des Menschen angelegt sei.

Die Evolutionsbiologen hingegen behaupten, der Mensch sei mit ethisch-moralischem Denken begabt, weil dies für ihn einen Überlebensvorteil darstellt. Sonst hätten wir uns schon zu einem viel früheren Zeitpunkt selbst ausgerottet oder wären Opfer natürlicher Feinde geworden, weil wir nicht hätten kooperieren können, um uns zu verteidigen.

Die Soziologen wiederum behaupten, es handle sich um soziale Konventionen, in denen wir uns darauf geeinigt haben, einander gut zu behandeln, weil das für alle von

Vorteil ist. Diese Normen, Regeln und Gesetze würden von Generation zu Generation, von den Eltern und der Gesellschaft an die Kinder weitergegeben.

Es mag natürlich sein, dass alle recht haben und dass die Fähigkeit, gut zu sein, aus verschiedenen Quellen gespeist wird. Wenn wir sie nicht auf die eine Weise erlangen, dann gibt es immer noch andere Wege, auf denen dies gelingen kann.

Ethische Dilemmata sind Alltag

Ein ethisches Dilemma ist eine Situation, in der unser moralisches Vermögen mit der Wirklichkeit konfrontiert wird. Die Handlungsalternative, die zur Auswahl steht, hat sowohl Vorteile als auch Nachteile. Wofür wir uns auch entscheiden – es is sowohl richtig als auch falsch.

In vielen Ländern wird darüber diskutiert, inwieweit aktive Sterbehilfe zugelassen werden soll. Aktive Sterbehilfe bedeutet, dass man das Leben eines schwerkranken Menschen beendet, indem man ihm eine tödliche Dosis einer bestimmten Substanz verabreicht. Meinungsumfragen in Schweden haben ergeben, dass mehr als die Hälfte der Bevölkerung der Sterbehilfe positiv gegenübersteht, während die meisten Ärzte und Krankenschwestern sie negativ bewerten. Ohne detailliert auf diese Diskussion einzugehen, können wir doch feststellen, dass sie ein Beispiel für ein ethisches Dilemma ist, in dem es Vor- und Nachteile zu erwägen gibt, wenn es um die Entscheidung geht, aktive Sterbehilfe zu erlauben oder zu verbieten.

Manchmal lassen wir uns dazu verleiten, zu glauben, ethische Dilemmata berührten ausschließlich lebensentscheidende Fragen. Doch die Ethik betrifft nicht nur Sterbehilfe oder die Frage, ob es richtig ist, einen Menschen zu töten, um dadurch das Leben anderer zu retten, oder ob die Weltgemeinschaft eingreifen muss, wenn der Verdacht auf einen Völkermord besteht. Ethische Dilemmata begegnen uns vielmehr Tag für Tag.

Ein Bekannter von mir hat vor einigen Jahren in einem kleinen Betrieb gearbeitet. Insgesamt gab es dort sechs Angestellte sowie den Chef, der gleichzeitig der Gründer des Unternehmens war. Der Verantwortliche für den Verkauf hatte fast zwanzig Jahre mit dem Chef zusammengearbeitet. Sie kannten einander sehr gut, und ihre Familien verbrachten auch Teile ihrer Freizeit miteinander.

Der Verkaufschef war jetzt über sechzig Jahre alt, und in den letzten Jahren war es ihm immer schwerer gefallen, mit der Entwicklung vor allem im Bereich der Computertechnik Schritt zu halten. Er traf immer häufiger Fehlentscheidungen und wirkte manchmal konfus. Der Chef war natürlich besorgt angesichts dieser Entwicklung – und die anderen Mitarbeiter drangen immer öfter darauf, dass etwas geschehen müsse –, doch brachte er es nicht übers Herz, seinem alten Freund und Mitarbeiter so kurz vor der Pensionierung zu kündigen, und entschloss sich schließlich, einen Assistenten einzustellen, der faktisch viele der Arbeiten des Verkaufschefs übernahm. Dann aber wurden die Zeiten schlechter, und die Umsätze sanken. Die zusätzliche Anstellung mit der Konsequenz, dass im Grunde zwei Personen die Arbeit einer einzigen machten, war einer der Gründe, warum der Betrieb schließlich in Konkurs gehen musste. Alle Angestellten verloren ihre Arbeit.

Ist dies ein gutes Beispiel für eine falsche Entscheidung in einem ethischen Dilemma? Vielleicht hätte der Betrieb gerettet werden können, wenn der Chef härter durchgegriffen und den alten Freund einfach auf die Straße gesetzt hätte. Dann hätten sechs Personen ihre Arbeitsplätze behalten können, anstatt dass nun sieben ihre Jobs verloren und der Betrieb pleite machte. Mit einfacher Mathematik scheint die Antwort auf der Hand zu liegen. Doch in ethischen Fragen geht es nicht um einfache Mathematik. Und hinterher klug zu sein ist immer leicht. Der Chef konnte nicht wissen, wie es für den Betrieb weitergehen würde. Er nahm an, man würde sich die Einstellung einer zusätzlichen Person leisten können. Das erwies sich als falsch, und wie realistisch diese Annahme vorher gewesen war, kann man nicht sagen. Hätte das Verfahren Erfolg gehabt, dann würden wir heute den Chef für seine gutherzige Rücksichtnahme gegenüber seinem Freund und Kollegen loben. Auf der anderen Seite hätte eine Entlassung des Verkaufschefs vielleicht auch für diesen positive Folgen gehabt. Vielleicht war er mit seiner Arbeit selbst nicht mehr zufrieden, wollte aber weitermachen, um den Chef und den Betrieb, der ihn doch brauchte, nicht im Stich zu lassen. Vielleicht ahnte er, dass er nicht mehr der Richtige für seine Aufgabe war. Somit wäre es für ihn eine Erleichterung gewesen, den Job loslassen zu können. In Kenntnis des Resultats können wir also genauso gut sagen, dass das Beste in dieser Situation gewesen wäre, ihm zu kündigen, um die Arbeitsplätze der anderen zu retten.

Oder? Vielleicht wäre der Betrieb dennoch in Konkurs gegangen. Dann wäre die Kündigung nur ein sinnloser Schlag gewesen, mit den seelischen Auswirkungen, die dies für den treuen Mitarbeiter bedeutet hätte.

Man kommt zu dem Schluss, dass es zu dem Zeitpunkt, als die Entscheidung getroffen werden musste, keine sichere richtige Antwort gab. Das ist typisch für ein ethisches Dilemma. Manchmal ist es richtig, Normen und Regeln zu befolgen, manchmal muss man gegen sie verstoßen. Oft bedeutet dies, dass man negative Konsequenzen für einige Menschen gegen positive Effekte für andere abwägt, und natürlich spielt es auch eine Rolle, wie sehr man sich selbst und seine eigenen Interessen im Verhältnis zu denen anderer bedenkt.

Dies ist ein Beispiel für ein ethisches Dilemma, in dem eine Entscheidung schwerwiegende Folgen hat. Doch ein ethisches Dilemma kann auch in Situationen gründen, die sich nicht so dramatisch darstellen.

Meine Kinder haben mehrere Sommer lang einige Wochen in einem Sommercamp verbracht. Einmal fuhr ich selbst für einen Tag dorthin, um mir die Anlage anzuschauen. Meine Kinder hatten mich gebeten, Süßigkeiten mitzubringen, und als ich dort ankam, hatte ich Chips, Bonbons und Limonade dabei. Vor Ort wurde ich gleich von jemandem begrüßt, der zu den Verantwortlichen im Camp gehörte. Er sah auf meine Tasche und sagte: »Wissen Sie, dass es aus Gerechtigkeitsgründen nicht erlaubt ist, den Kindern Süßigkeiten mitzubringen?« Das könne ich gut verstehen, antwortete ich. Als ich eine Weile später meine Kinder traf und ihnen erzählte, dass ich ihnen nicht geben dürfte, was ich mitgebracht hatte, sahen sie mich betrübt an. Ich brachte die Tasche zum Wagen zurück. Ein paar Stunden vergingen, und in mir wuchs das Gefühl, dass ich falsch gehandelt hatte, obwohl ich die Normen und Regeln befolgt hatte, die ich für angemessen hielt. Aber es waren doch meine Kinder, und sie hatten mich so traurig angeschaut. Am Ende holte ich die Limonade und die Chips aus dem Auto (der Mann hatte ja nur von »Süßigkeiten« geredet) und gab sie ihnen heimlich. Ich wusste, dass ich gegen die Regeln des Camps verstoßen hatte, aber ich umarmte meine Kinder doch leichteren Herzens und fuhr davon.

Regeln, Normen und Prinzipien sind dazu da, dass man sie befolgt, doch manchmal geraten wir in Situationen, in denen andere ethische Aspekte wichtiger sind. Ich wusste, es war falsch, gegen die Campregeln zu verstoßen, doch nach gründlicher Abwägung entschied ich mich trotzdem, es zu tun. Es gab in dieser Situation keine einfache Lösung. Ich wählte eine Alternative, die sowohl richtig als auch falsch war, und entschied mich gegen eine andere, die ebenso beides zugleich war.

Ethische Dilemmata begegnen uns jeden Tag. Man kann auf der Straßen anhalten, um jemandem zu helfen, dessen Auto liegen geblieben ist, und so riskieren, zu spät nach Hause zu kommen. Man kann sich die Zeit nehmen, um die Kaffeetassen in der Kantine abzuspülen, und deshalb zu spät zu einer Sitzung kommen. Man kann auch den letzten Arbeitskollegen ganz hinten im Flur noch begrüßen oder schnell verschlafen in seinem Büro verschwinden.

Wir stellen fest, dass die Ethik Teil unseres Alltags ist. Jeder Tag ist voller kleiner und großer ethischer Zwickmühlen, und es ist nützlich, wenn wir uns dieser Tatsache bewusst sind. Ob wir auf gute Weise handeln können, hängt nämlich zum einen von unserer Fähigkeit ab, das Dilemma zu erkennen, und zum anderen von den ethischen »Werkzeugen«, die uns zur Verfügung stehen.

Das Werkzeug

Der Mensch ist in vieler Hinsicht ein einzigartiges Wesen. Kein Tier besitzt Hände, die über eine derart phantastische Feinmotorik verfügen, die Voraussetzung für das Fertigen von Werkzeug. Kein Tier besitzt unsere Hirnkapazität mit der Fähigkeit zu Kommunikation, Kreativität und analytischem Denken. Auch im Hinblick auf die Ethik ist der Mensch einzigartig, denn wir sind mit einem gut entwickelten Vermögen ausgestattet, mit ethischen Problemen umzugehen. Dazu stehen uns nicht weniger als fünf ausgezeichnete ethische Werkzeuge zur Verfügung.

Das erste Werkzeug besteht aus einer Reihe ethischer Prinzipien, Normen, Regeln und Gesetze, die als Richtlinien für unser Verhalten fungieren. Eines dieser Prinzipien bezieht sich auf den Wert des Menschen. Es besagt, dass alle Menschen gleichwertig sind. Ein anderes behandelt den Bereich der Lebenserhaltung und besagt, dass wir das Leben immer schützen und so lange wie möglich erhalten sollen. Das Autonomieprinzip drückt aus, dass jeder Mensch das Recht hat, selbstbestimmt Entscheidungen über sein Leben zu treffen. Ein weiteres Beispiel ist das Solidaritätsprinzip, dem zufolge wir uns solidarisch zeigen und mit denen teilen sollen, die weniger haben als wir.

Diese Prinzipien können manchmal miteinander kollidieren. Ein Beispiel dafür ist die Diskussion über die Abtreibung. Auf der einen Seite steht das Lebenserhaltungsprinzip, aus dem folgt, dass der Fötus einen Wert besitzt, den es zu schützen gilt. Dieser Lebenswert wächst mit fortschreitender Schwangerschaft. Auf der anderen Seite verlangt das Autonomieprinzip, dass ein Mensch – in diesem Fall die werdende Mutter und der zukünftige Vater – das Recht haben soll, über das eigene Leben zu entscheiden. In Schweden besteht die Lösung dieses Dilemmas darin, dass die Abtreibung bis zur achtzehnten Woche zugelassen ist.

Kommen wir nun zu den Normen. Beispiele hierfür sind, dass wir nicht lügen, nicht schlecht über andere reden und Versprechen halten sollen. Normen sind Konventionen, über die ein Konsens in der Gesellschaft herrscht. Verhalten wir uns normwidrig, heißt das zwar nicht, dass wir von der Gesellschaft bestraft werden, doch wir müssen mit Ausgrenzung und Ablehnung rechnen. Gegen Gesetze zu verstoßen zieht dagegen in der Regel eine Bestrafung durch die Gesellschaft nach sich. Die Gesetzgebung existiert in der menschlichen Gesellschaft schon seit frühen biblischen Zeiten und reicht bis in die heutige Zeit mit ihren komplizierten Gesetzbüchern hinein.

Gesetze, Regeln, Prinzipien und Normen dienen uns als Wegweiser. Sie geben uns aber nicht automatisch alle Antworten. Wenn es so einfach wäre, dann ließe sich Ethik leichter in die Tat umsetzen. Doch wir brauchen noch weitere Werkzeuge, um mit allen Problemen umgehen zu können, die uns ständig begegnen.

Das zweite Werkzeug ist unsere Vernunft, die uns hilft, eine rationale Analyse durchzuführen und zu beurteilen, wie wir so viel Gutes wie möglich tun und gleichzeitig vermeiden können, Schlechtes zu tun. Die Fähigkeit, Konsequenzen zu bedenken, ist beim Menschen bedeutend stärker ausgeprägt als bei Tieren – und wir können sie im Laufe des Lebens weiterentwickeln.

Ein Beispiel: An Ihrem Arbeitsplatz finden zwei Spendensammlungen statt. Die erste gilt einem Kollegen, der unter grauem Star leidet und dessen Sehvermögen immer schlechter wird. Die Beschwerden des Kollegen sind jedoch nicht so gravierend, dass er eine Operation auf Kosten des staatlichen Gesundheitssystems erhalten würde, sondern er muss sie in diesem Fall nach schwedischer Gesetzgebung privat bezahlen. Sie werden gebeten, einen Beitrag von 1000 Kronen [etwa 100 Euro, *Anm. d. Ü.*] zu der Operation zu leisten. Die andere Sammlung soll Menschen in Afrika zugute kommen, die unter einer zu Blindheit führenden Augenkrankheit leiden. Sie werden gebeten, 1000 Kronen zu spenden, einen Betrag, der ausreichen würde, um die Sehfähigkeit von zwei Menschen zu retten. Sie sind der Ansicht, dass Sie nur 1000 Kronen insgesamt erübrigen können. Was tun? Natürlich können wir ein solches Dilemma nicht nur mit Hilfe unserer Vernunft lösen, aber sie kann zu der Lösung beitragen, für die wir uns letztendlich entscheiden.

Man hat die Hirntätigkeit von Menschen erforscht, die vor zwei Arten von Dilemmata gestellt werden. In der ersten Variante soll man sich vorstellen, dass man auf einem Bahnsteig steht, einen Waggon auf fünf Menschen zurollen sieht, die sich auf dem Gleis befinden. Man kann, indem man eine Weiche stellt, den Waggon auf ein anderes Gleis lenken, doch dort steht eine weitere Person, die dann getötet werden würde. Darf man die Weiche umstellen? Die meisten antworten darauf, dass sie es tun würden.

In der zweiten Variante könnte man erneut verhindern, dass fünf Menschen getötet werden, doch hier ist dazu erforderlich, dass man einen anderen Menschen auf das Gleis schubst, ehe der Waggon mit den fünf Menschen kollidiert. Darf man das tun? Die meisten antworten in diesem Fall, sie würden das nicht tun.

Selbst wenn das Endresultat dasselbe ist, reagieren wir doch unterschiedlich auf die beiden Handlungsweisen, die zur Wahl stehen. Dies geschieht zum Teil, weil unser Verhalten in der ersten Variante nur indirekt zum Tod des einen Menschen führt, während wir in dem anderen Fall den Menschen direkt und mit unseren eigenen Händen töten müssen.

Bei den Hirnstrommessungen zeigte sich, dass bei Menschen, wenn sie den Entschluss fassen sollen, ob sie die Weiche verstellen oder nicht, Teile des Gehirns aktiviert werden, die mit unserer Vernunft zu tun haben. Sind sie dagegen mit der Entscheidung konfrontiert, jemanden auf das Gleis zu stoßen, gehen die elektrischen Impulse vor allem von Regionen aus, die unser Gefühlsleben regulieren.

Der Mensch hat einen angeborenen Instinkt, der ihn vom aktiven Töten abhält. Diesen müssen wir mit Hilfe der Gefühle überwinden, um einen anderen Menschen mit unseren eigenen Händen umbringen zu können. Dagegen führten wir in dem ersten Fall eine rationale Analyse durch, um herauszubekommen, wie wir agieren müssen, um den Schaden möglichst gering zu halten.

Das dritte Werkzeug ist unser Gewissen, das wie ein innerer Kompass funktioniert und uns sagt, was gut und was schlecht ist. Bei dem Beispiel mit dem Waggon müssen wir vor allem mit unserem Gewissen ringen, wenn wir vor der Entscheidung stehen, einen Menschen mit unseren eigenen Händen zu töten.

Das Gewissen funktioniert wie ein emotionaler Indikator dafür, wie wir handeln sollten. Unser Empfinden für das, was richtig und was falsch ist, steht in engem Zusammenhang mit der Gesellschaft, in der wir aufgewachsen sind. Unsere verinnerlichten Werte stimmen dabei meist mit denen der uns umgebenden Gemeinschaft überein. Wenn wir von einer Gesellschaft in eine andere übersiedeln oder wenn sich die Werte der Gesellschaft ändern, kann dies wiederum die Auffassung unseres Gewissens von Richtig und Falsch beeinflussen. Oder wenn wir uns in einer bestimmten Frage konsequent dafür entscheiden, gegen die Normen unserer Gesellschaft zu handeln, kann dies dazu führen, dass wir die Handlung nicht länger als Unrecht empfinden. Damit bringen wir unser Gewissen zum Schweigen. Ein ähnlicher Gedanke ist in der jüdischen Schriftensammlung des Talmud festgehalten: »Wer eine Sünde zweimal begangen hat, der hält sie nicht mehr für eine Sünde.«

Unser Gewissen soll vordringlich als ein Werkzeug beim Abwägen von Entscheidungen benutzt werden, und zwar in dem Bewusstsein, dass es uns nicht gut geht, wenn wir etwas tun, das gegen unser Gewissen verstößt. Wir haben dann ein »schlechtes Gewissen« (was eigentlich ein seltsamer Begriff ist, denn dieses Gefühl bedeutet ja nicht, dass das Gewissen schlechter funktioniert).

Es ist das Gewissen oder das »Über-Ich«, das uns dabei anleitet, viele kluge Beschlüsse zu fassen, und das uns daran hindert, Handlungen zu begehen, von denen wir wissen, dass sie negative Konsequenzen haben werden. Psychopathen steht dieses Werkzeug nicht zur Verfügung; doch sie gehören glücklicherweise zu einer Minderheit. Alle anderen haben Zugang zu dieser inneren Stimme, die uns Anleitung gibt. Man muss »nur« nach innen horchen.

Das vierte Werkzeug ist unsere Fähigkeit zur Empathie, das heißt, unser Vermögen, uns in einen anderen Menschen hineinzuversetzen. Nicht alle Menschen denken auf dieselbe Weise, sie haben nicht dieselben Bedürfnisse und stellen nicht dieselben Erwartungen an die Umwelt. Würden wir alle nach ein und demselben Muster behandelt werden, dann wäre dies falsch, und zwar aus einem einfachen Grund: die Menschen sind verschieden. Um zu wissen, wie wir uns einem Menschen gegenüber verhalten sollen, der vor uns steht, müssen wir die Motivation eben dieses Individuums begreifen. Und hier kommt die Empathie ins Spiel.

Empathie bedeutet nicht, direkt Gutes zu tun, sondern bezeichnet die Fähigkeit, zu verstehen, wie der andere denkt und reagiert. Dann können wir diese Einsicht verwenden, um Gutes zu tun – oder auch nicht. Sympathie bedeutet, *mit* einem Menschen zu fühlen, während Empathie heißt, sich *in* einen Menschen einzufühlen. Man kann auch sagen: Sympathie zielt auf das Wohlergehen des anderen, während Empathie vor allem auf das Verstehen des anderen ausgerichtet ist. Die Fähigkeit zu empathischem Denken variiert von Mensch zu Mensch, aber wir besitzen alle das Potential, diese Fähigkeit im Laufe unseres Lebens zu entwickeln.

Ein gebräuchliches Vorurteil besagt, es sei gefährlich, zu viel Empathie zu zeigen. Es heißt, es sei zermürbend, sich immer mit dem Leiden anderer zu belasten. Doch geht es bei Empathie nicht um stellvertretendes Leiden, sondern darum, seinen Mitmenschen zu verstehen, und es gibt keinerlei Hinweise darauf, dass wir uns mit einem übertriebenen empathischen Denken selbst schaden könnten. Hingegen gibt es Untersuchungen, die dafür sprechen, dass ein gut entwickeltes empathisches Vermögen zum Beispiel vor einem Burnout-Syndrom schützen kann.

Das fünfte Werkzeug sind unsere Mitmenschen, die für uns Ratgeber und Bollwerk sein können. Das ist eine Ressource, die in unserer Gesellschaft leider nur sehr schlecht genutzt wird, denn es herrscht die weit verbreitete Auffassung, man müsse allein zurechtkommen und solle andere nicht mit seinen Sorgen behelligen. Das ist natürlich ein Denkfehler, denn wenn man jemanden um Rat fragt, gewinnen beide Seiten. Der Fragende erhält einen Anstoß und die Möglichkeit, seine Gedanken einem anderen Menschen mitzuteilen. Wer gefragt wird, fühlt sich in der Regel geehrt und erhält seinerseits die Möglichkeit, im Gedankenaustausch mit einem anderen Menschen zu wachsen und sich weiterzuentwickeln. Indem wir jemanden um Rat fragen, zeigen wir, dass wir uns auf ihn verlassen und Vertrauen zu ihm haben. So wird das Fragen um Rat zu einem Geschenk.

Mitmenschen einzubeziehen, um ethische Probleme zu lösen, ist eine Verhaltensweise, die systematisiert werden kann. Zum Beispiel werden an manchen Arbeitsplätzen Foren geschaffen, in denen Mitarbeiter entstehende Schwierigkeiten besprechen können und damit die Möglichkeit erhalten, im Kontakt mit anderen nach einem Weg aus der Krise zu suchen. Eine andere Methode ist das Mentoring, bei dem erfahrene Mitarbeiter jüngere Kollegen anleiten. Doch solche Besprechungen können auch eher informellem Charakter haben: Man sucht einen anderen auf, der schon Erfahrungen mit einem Problem gemacht hat oder der als bedachtsamer Mensch gilt.

Es ist ein mächtiges Werkzeug, jemanden um Rat zu fragen. Nicht zuletzt führt das zu der Erkenntnis, dass wir von vielen klugen Menschen umgeben sind.

Da sind sie nun: fünf mächtige Werkzeuge. Wenn wir uns ihrer bewusst sind und unsere Fähigkeit, sie anzuwenden, ausbilden, dann haben wir sehr gute Voraussetzungen, mit all den ethischen Dilemmata umgehen zu können, mit denen wir ständig konfrontiert werden. Unser Zugang zu diesen Werkzeugen bringt jedoch auch eine sehr große Verantwortung mit sich. Es gibt keine vorgegebenen Antworten auf den Umgang mit einem Dilemma. Wir können uns auf einzelne ethische Werkzeuge verlassen, doch auch sie können uns letztendlich keine unumstößliche Antwort geben. Ein gut durchdachter Entschluss gründet in der Regel auf dem Zusammenwirken verschiedener Werkzeuge. Und bei einer gut durchdachten Entscheidung wissen wir vielleicht nicht, welches Werkzeug am Ende den Ausschlag gegeben hat. Am Ende ist der Entschluss auf unsere Intuition gegründet – ein alles übergreifendes Werkzeug, bei dem wir nach einem Gefühl dafür handeln, was richtig und was falsch ist.

Mit ethischen Beschlüssen ist es so wie mit vielem, womit sich der Mensch befasst: Je mehr wir üben, desto besser machen wir es. Wie bei Schach, Tennis oder beim Stricken werden wir immer geschickter, je mehr wir trainieren, und das gilt auch für das ethische Denken. Die Herausforderung anzunehmen lohnt sich, denn es birgt eine große Verantwortung, mit den Beziehungen zu unseren Mitmenschen und unserer Umwelt umzugehen. Am Ende ruht auf jedem Individuum selbst die Verantwortung, sich für die gute Alternative zu entscheiden.

FALSCHE FREUNDLICHKEIT ...

»Nett« oder »freundlich« sind Bezeichnungen, die nicht nur positive Assoziationen wecken. Der Hauptgrund dafür ist, dass sie oft mit Begriffen wie Dummheit, Zaghaftigkeit und Schwäche verbunden werden. Wie ich schon angedeutet habe, teile ich diese Meinung nicht, denn für mich bedeutet »freundlich« etwas, das gut und zudem eine Form von Intelligenz ist. Dennoch glaube ich, dass es wichtig ist, den Begriff »Freundlichkeit« zu definieren, um ihn von Eigenschaften zu unterscheiden, die fälschlicherweise als Freundlichkeit ausgelegt werden können – Eigenschaften, die Züge wie mangelnde Intelligenz, Schwäche, manipulatives Verhalten und Mangel an Integrität beinhalten. Ich nenne dies »falsche Freundlichkeit« und möchte noch einmal unterstreichen, wie wichtig es ist, die echte Freundlichkeit von der falschen zu unterscheiden.

Falsche Freundlichkeit als das Unvermögen, nein zu sagen

Eine Freundin unserer Familie hatte eine Tochter, die mit einem Alkoholiker verheiratet war. Die Tochter, ein guter und fürsorglicher Mensch, wurde von ihrem Mann regelmäßig misshandelt. Unsere Freundin machte sich große Sorgen um sie und die Kinder der Familie. Sie erzählte immer wieder von ihren Gesprächen und ihren Versuchen, ihre Tochter zu überreden, sie möge die Beziehung beenden. Doch sie erhielt immer die Antwort, der Mann komme ohne sie nicht zurecht, und es sei wichtig, die Familie zusammenzuhalten. Eines Tages rief unsere Freundin uns völlig verzweifelt an. Der Mann hatte ihre Tochter im Delirium totgeschlagen.

Die Tochter wollte gut handeln, doch sie erreichte dadurch das Gegenteil: Sie starb, der Mann kam ins Gefängnis, und ihre Kinder verloren auf diese Weise beide Elternteile.

Nicht selten verstecken wir uns hinter dem Anspruch, nett zu sein, um auf eine negative und manchmal auch destruktive Weise zu handeln. Dies wird zu einem Schild des Gutseins, den wir vor uns hochhalten können. Ich kenne die wirklichen Gründe nicht, warum die Tochter ihren Mann nicht verlassen hat. Vielleicht war es genau so, wie sie gesagt hatte. Vielleicht aber wurde ihr Entschluss auch von Faktoren wie Angst vor Veränderung, Unsicherheit, Einsamkeit und einem Hang zu selbstzerstörerischem Verhalten beeinflusst. Das Ergebnis war eine falsche Freundlichkeit mit schicksalhaften Konsequenzen.

Echte Freundlichkeit erfordert den Mut, für das Richtige einzustehen. Und nein zu sagen, wenn etwas falsch oder schlecht ist. Mitunter können wir in der Welt der Politik Beispiele für falsche Freundlichkeit finden, die schreckliche Konsequenzen nach sich gezogen haben. Neville Chamberlain glaubte 1938, für das Gute einzustehen, als er mit Adolf Hitler einen Vertrag schloss, von dem er sich erhoffte, dass er den Frieden sichern würde. Wir kennen heute das Ergebnis und wissen, dass es sich um einen Irrglauben, basierend auf falscher Freundlichkeit, handelte. Natürlich war es nicht leicht, schon zu jener Zeit zu erkennen, welche schrecklichen Pläne Hitler mit der Welt hatte, doch die Warnsignale waren bereits vernehmlich.

Während des Zweiten Weltkriegs zielte die schwedische Außenpolitik hauptsächlich darauf, unser Land aus dem Krieg herauszuhalten. Viele andere Aspekte waren sekundär. Das Bestreben, die Bevölkerung vor Krieg und möglicher Besatzung zu schützen, kann natürlich als ehrenvoll betrachtet werden. Eine Konsequenz dieser Strategie war aber, dass Schweden Eisenerz an Deutschland verkaufte, das zur Produktion von Waffen und anderem Kriegsmaterial verwendet wurde. Heute ist man der Ansicht, der schwedische Export habe entscheidend dazu beigetragen, dass die deutsche Kriegsindustrie so lange und so effektiv funktionieren konnte. Dadurch ist der Zweite Weltkrieg möglicherweise verlängert worden, mit allen Konsequenzen, die das an Verlust von Leben bedeutete. Der Schutz der eigenen Bevölkerung wirkte sich somit negativ auf die ganze Welt aus.

In den sechziger Jahren führte Stanley Milgram eine heute als klassisch geltende Studie durch. Es wurden Versuchspersonen angeleitet, anderen Freiwilligen Fragen zu stellen. Wenn diese falsch antworteten, sollten die Versuchspersonen ihnen immer stärkere Elektroschocks verabreichen (in Wirklichkeit wurden niemals Elektroschocks eingesetzt, die Befragten waren lediglich angehalten, Schmerzen zu simulieren). Es zeigte sich, dass ungefähr zwei Drittel der zum Strafen bevollmächtigten Versuchspersonen bereit waren, Elektroschocks auszuteilen, von denen sie glaubten, sie seien sehr schmerzhaft.

Die Bereitwilligkeit, Elektroschocks auszuteilen, wurde vom Grad der dafür nötigen Aktivität beeinflusst. Fast alle nahmen an diesen »Bestrafungen« teil, wenn sie nicht selbst auf den Knopf drücken mussten. Ungefähr dreißig Prozent gingen so weit, dass sie willens waren, die Hand des »Opfers« selbst auf die Platte zu legen, die die Stöße angeblich verursachte. Eine weitere interessante Beobachtung: Wenn mehrere Personen an diesem Experiment teilnahmen, die instruiert waren, sich zu weigern, die Stromstöße auszuteilen, weigerten sich auch die anderen Versuchspersonen.

Analog können totalitäre Regime Menschen dazu bringen, schreckliche Taten zu verüben, indem ihnen eingeredet wird, dass sie ja nur Befehle befolgen und nichts in Frage stellen müssen. Man kann Menschen weismachen, sie bräuchten ihrem eigenen Willen keinen Ausdruck zu verleihen, sondern müssten nur die Wahrheiten von anderen als ihre eigenen akzeptieren. Ein Beispiel dafür sind die Verbrechen gegen die Menschlichkeit, die während des Zweiten Weltkriegs vom Reservebataillon 101 verübt wurden.

Das Reservebataillon bestand aus »ganz gewöhnlichen Männern« aus Hamburg, die zu alt waren, um zum Wehrdienst eingezogen zu werden. Sie waren keine Berufssoldaten und auch nicht bei der SS speziell ausgebildet worden. Trotzdem nahmen die Männer des Bataillons während des Zweiten Weltkriegs aktiv an der Ermordung von Juden teil. Sie töteten selbst rund 38 000 Menschen und schickten ungefähr 45 000 weitere ins Vernichtungslager Treblinka. Erstaunlicherweise waren sie nicht befehlsgebunden, und einige von ihnen verweigerten die Teilnahme, ohne dass irgendwelche Repressalien erfolgten. Diese Verbrechen gegen die Menschlichkeit wurden also nicht aus Zwang, sondern aufgrund des Gruppendrucks und des Wunsches, zu Diensten zu sein, verübt.

Ein anderes Beispiel ist der Völkermord, der 1994 in Ruanda stattfand. Zivile Hutu ermordeten ohne Unterschied fast eine Million Tutsi und moderate Angehörige ihres eigenen Volkes (die letzte offizielle Zahl beläuft sich auf 930 000 Opfer). Die Opfer waren nicht selten Nachbarn oder gar Verwandte der Mörder, und gemordet wurde oft mit Hilfe von Äxten oder Macheten. Männer, Frauen, Kinder und Alte wurden ohne Erbarmen von »ganz gewöhnlichen Menschen« getötet. Die Leute flohen unter anderem in die Kirchen, wo sie die Entdeckung machen mussten, dass auch diese keinen Schutz boten. Wenn die Pfarrer nicht selbst am Massaker teilnahmen, so blieben sie doch passiv. Während all das geschah, verhielt sich der Rest der Welt ruhig und abwartend.

Nicht nein zu einem Verbrechen zu sagen kann manchmal ein ebenso großes Verbrechen sein wie das Verbrechen selbst. Wenn unsere Mitmenschen leiden, müssen wir alle den Mut aufbringen, für das einzustehen, was richtig ist. In den Worten des Historikers Yehuda Bauer gesprochen: »Was früher passiert ist, kann wieder geschehen. Wir sind alle potentielle Opfer, potentielle Täter, potentielle Zuschauer.«

Zu Beginn der neunziger Jahre arbeitete ich sechs Monate lang in einer Spezialklinik für Infektionskrankheiten in Stockholm. An meinem ersten Arbeitstag, als die Ärzte sich gerade zu einer Planungskonferenz versammelt hatten, ging plötzlich die Tür auf, und einer der Oberärzte kam sehr aufgebracht herein. Er erzählte von einem Anruf, den er gerade von einer Privatklinik in Stockholm erhalten hatte. Dort hatte eine Griechin nach einer Operation eine Blutvergiftung erlitten und musste auf der Intensivstation unseres Krankenhauses gepflegt werden. Das Problem war nur, dass die Frau keine schwedische Staatsbürgerin war und auch keine gültige Krankenversicherung besaß. Die Intensivpflege würde sehr teuer werden, und wer sollte das bezahlen? »Sie wollen das Budget unserer Klinik mit diesen Kosten belasten?«, fragte der Oberarzt verärgert. »Aber ich habe Ihnen doch gesagt, dass wir unter diesen Umständen die Patientin nicht aufnehmen werden.« Um mich herum wurde es still. Einige nickten, andere saßen unbewegt da. Ich selbst war wie vom Donner gerührt und dachte: »Wir können sie doch wohl nicht sterben lassen, nur weil wir nicht wissen, wer bezahlen soll!« Ich wollte das sagen, aber würde ich dann nicht schon am ersten Tag an meinem neuen Arbeitsplatz als Querulant dastehen? Es vergingen einige Sekunden, in denen ich versuchte, eine Entscheidung zu treffen. Dann ging die Tür wieder auf, und ein anderer Oberarzt trat ein und erklärte, er habe von dem Fall gehört, und natürlich würde die Patientin aufgenommen werden. Das Finanzielle müsse man später klären.

Ich schämte mich im Nachhinein ganz schrecklich und habe seither oft über diese Momente des Zögerns nachgedacht. Ich glaube, dass ich etwas gesagt hätte, wenn mir nur noch etwas mehr Zeit geblieben wäre, aber vollkommen sicher bin ich mir da auch nicht. Ich habe die Chance verstreichen lassen, mir selbst zu beweisen, dass ich den Mut gehabt hätte. »Wir sind alle potentielle Opfer, potentielle Täter, potentielle Zuschauer.«

Die Unfähigkeit, zu handeln und nein zu sagen, kann offenbar fälschlicherweise als eine Form des Freundlichseins gedeutet werden. Wirkliche Freundlichkeit ist etwas völlig anderes. Dabei geht es darum, sich für das einzusetzen, wovon wir glauben, dass es langfristig für einen anderen Menschen das Beste ist. Da wird man manchmal zu einer Entscheidung gezwungen, die kurzfristig herzlos wirken kann. Manchmal muss man auch auf eine Weise handeln, die von der Umgebung verurteilt wird, während wir aber davon überzeugt sind, dass das, was wir tun, letztendlich gute Auswirkungen haben wird.

Falsche Freundlichkeit als Gutsein getarnt

Was auf den ersten Blick gut erscheint, kann sich auf den zweiten Blick als etwas völlig anderes herausstellen. Was wir zunächst als Nettsein deuten, kann andere Motive verbergen.

Vor vielen Jahren hatte ich einen Mitarbeiter, der oft seinen hohen moralischen Ansprüchen Ausdruck verlieh. Er schreckte nicht davor zurück, andere der wissenschaftlichen Betrügerei anzuklagen, und er sagte, was er dachte, wenn er Zeuge von Aussagen wurde, die seiner Ansicht nach moralisch verwerflich waren. Bei einer Gelegenheit beschuldigte er einen anderen Mitarbeiter, absichtlich sein Experiment zerstört zu haben, und bezichtigte diese Person der Bösartigkeit. Er versäumte es auch nicht, darauf hinzuweisen, dass er immer die Wahrheit sage und dass er dasselbe von seiner Umgebung erwarte, die denselben moralischen Anforderungen zu genügen hätte.

Einige Zeit nachdem seine Arbeit bei uns beendet war, bat er mich um eine befristete Anstellung, die er auch bekam. Als ich aus den Ferien zurückkehrte und erfahren musste, dass er nicht ein einziges Mal am Arbeitsplatz erschienen war, sprach ich ihn darauf an. Er antwortete, er sei der Meinung, in der Zeit davor so wenig Gehalt bekommen zu haben, dass es mehr als gerecht sei, wenn er das auf diese Weise kompensiere. Bevor er seinen Arbeitsplatz endgültig verließ, benutzte er einen Zuschuss, der Forschungszwecken dienen sollte, um einen Computer für den eigenen Gebrauch zu kaufen. Wenn man berücksichtige, wie hart er gearbeitet habe, so behauptete er, sei dies sein moralisches Recht. Als er sich etwas später scheiden ließ, reduzierte er auf eine halbe Stelle, um nicht so viel Unterhalt für seine Kinder bezahlen zu müssen.

Manchmal begegnen uns Menschen mit dem sogenannten Weißer-Ritter-Syndrom. Sie verhalten sich unglaublich nett und fürsorglich, bis wir entdecken, dass sie auch ganz andere Seiten haben. Wenn wir nicht aufpassen, kann es ziemlich lange dauern, bis wir diese Menschen durchschauen. Das Problem ist nur, dass sie sich ihrer Schattenseiten oft selbst nicht bewusst sind. Sie sind nicht imstande, die eigenen schlechten Züge in ihre Persönlichkeit zu integrieren, sondern projizieren sie auf ihre Umgebung. Die Umgebung ist schlecht, während sie selbst rein wie Schnee sind – Ritter mit strahlend weißer Rüstung.

Als eine meiner Freundinnen ein Kind erwartete, erzählte sie mir, sie habe beschlossen, niemals böse auf ihre Kinder zu sein. Sie selbst war mit Eltern aufgewachsen, die sie ständig ausgeschimpft hatten, und sie wollte ihre eigenen Kinder nicht denselben negativen Erfahrungen aussetzen. Und wirklich, jedes Mal, wenn ich sie zusammen sah, zeigte sie eine freundlich-akzeptierende Haltung, obwohl sich ihr Sohn oft ganz schön übel benahm.

Bis zu dem Zeitpunkt, als das Kind um die drei Jahre alt war. Schon in dem Moment, als ich die Wohnung betrat, bemerkte ich die Veränderung. Der Junge hatte absichtlich eine Vase zerschlagen, und die Mutter reagierte, indem sie ihn gründlich ausschimpfte. Als ich sie fragte, was die Ursache für diese Verhaltensänderung sei, erzählte sie, der Junge habe sich in der letzten Zeit sehr schlecht aufgeführt, während sie weiter nach dem üblichen freundlichen Muster versucht habe, ihn zur Vernunft zu bringen. Er hatte sie angeschaut und gesagt: »Mama, warum kneifst du den Mund so zusammen, wenn du mit mir sprichst?« Plötzlich hatte sie erkannt, was da vor sich ging. Sie hatte geglaubt, genauso wütend auf ihn sein zu können wie ihre Eltern damals auf sie, ohne es ihm aber zeigen zu müssen. Das Kind hatte die Mutter durchschaut und ihre Wut unter der Maske der Freundlichkeit aus der Reserve gelockt.

Dieses Phänomen nennt man passive Aggressivität. Meine Freundin war zu der Einsicht gekommen, dass es besser sei, der Wut, die unter der Oberfläche brodelt, Ausdruck zu verleihen, als dem Kind durch ein künstliches Zurückhalten dieser Wut widersprüchliche Signale zu senden. Als ihr das klar wurde, zog sie die richtigen Schlüsse. Viele kommen nicht zu dieser Einsicht und entwickeln stattdessen einen passiv-aggressiven Lebensstil.

Sicherlich sind Sie schon einmal auf solche Menschen gestoßen. Sie sind immer freundlich, sprechen mit sanfter Stimme und lächeln viel. Doch gleichzeitig hat man das unangenehme Gefühl, dass hier irgendetwas nicht stimmt – ein schwaches Empfinden von Aggressivität und die Ahnung, der andere sei einem vielleicht nicht wohlgesonnen. Und bestimmt hat Sie Ihr Gefühl nicht getrogen – Sie haben einen passiv-aggressiven Menschen getroffen.

Passiv-aggressive Menschen verstecken ihre Wut unter einer aufgesetzten Freundlichkeit, da diese ihnen einen größeren Handlungsspielraum verschafft. Wenn man Menschen begegnet, die mit ihrer Aggression offen umgehen, dann ist vollkommen klar, was sie von uns wollen, und man kann gut in die Verteidigung gehen. Passiv-aggressive Menschen wollen uns genauso übel wie die offen aggressiven, sie sind nur viel hinterhältiger, da wir meist nicht auf ihre Giftpfeile vorbereitet sind.

Man kann sogar auf der organisatorischen Ebene nach falschem Gutsein suchen. Die Wohlfahrtsorganisationen, bei denen die Spendengelder zu großen Teilen in die Taschen der Begründer wandern, sind ein Beispiel dafür. Diese Organisationen verleihen sich eine falsche Fassade von Humanität, hinter der die Initiatoren selbst teilweise in dem Glauben leben, das, was sie tun, sei wirklich gut. »Ja, aber ein Teil des Geldes kommt doch an.«
   Ein anderes Beispiel sind kommunistische Regime. Der ursprüngliche Grundgedanke der kommunistischen Weltsicht war, ein unrechtes und schlechtes Gesellschaftssystem zu stürzen und dadurch ein utopisches Paradies auf Erden schaffen zu können, in dem alle Menschen in Gerechtigkeit und Gleichheit leben. Doch in den Staaten, in denen die Kommunisten an die Macht kamen, ist dieser Versuch in der Regel gescheitert. Mit dem Bestreben, auf lange Sicht etwas Gutes zu schaffen, hat man stattdessen das Gegenteil erreicht: eine Gesellschaft ohne Freiheit, gegründet auf Angst und Unterdrückung und mit einem Übermaß an Leiden. Schätzungen zufolge sind mehr als hundert Millionen Menschen von kommunistischen Regimen ums Lebens gebracht worden. Der britische Historiker Christopher Dawson schrieb: »Sobald

Menschen beschließen, mit allen Mitteln das Böse zu bekämpfen, wird es unmöglich sein, ihr gutes Werk von dem Bösen zu unterscheiden, das sie zerstören wollen.«

Es gibt aber auch Organisationen, die mit dem ausdrücklichen Ziel gegründet wurden, Gutes zu tun, und dennoch gescheitert sind. Nach dem Zweiten Weltkrieg wurden die Vereinten Nationen geschaffen, um den Frieden in der Welt, wenn nötig auch mit militärischen Mitteln, sicherzustellen. In der Charta der UN, Artikel 43, heißt es unter anderem: »Alle Mitglieder der Vereinten Nationen verpflichten sich, zur Wahrung des Weltfriedens und der internationalen Sicherheit dadurch beizutragen, dass sie nach Maßgabe eines oder mehrerer Sonderabkommen dem Sicherheitsrat auf sein Ersuchen Streitkräfte zur Verfügung stellen, Beistand leisten und Erleichterungen einschließlich des Durchmarschrechts gewähren, soweit dies zur Wahrung des Weltfriedens und der internationalen Sicherheit erforderlich ist.«

Das klingt sehr gut. Aber was ist in der Wirklichkeit daraus geworden? Hier sind einige Beispiele:

- In einem Zeitraum von drei Monaten im Frühjahr 1994 wurden in Ruanda rund 930 000 Menschen von extremistischen Hutu niedergemetzelt. Obwohl die Vereinten Nationen militärische Kräfte vor Ort hatten, verhielt sich die Organisation während des Völkermordes passiv. Dieser wurde dadurch beendet, dass eine Tutsi-Guerrilla aus Uganda in Ruanda einmarschierte.

- 1993 erklärten sich die Muslime in der bosnischen Stadt Srebrenica bereit, ihre Waffen abzugeben, unter der Bedingung, dass die Vereinten Nationen sie vor Angriffen des bosnisch-serbischen Militärs schützen würden. 1995 überfielen die bosnischen Serben Srebrenica und nahmen die Muslime gefangen. Sie vertrieben Frauen und Kinder und begannen dann ein Massaker, bei dem über siebentausend unbewaffnete muslimische Männer ermordet wurden. Was taten die Vereinten Nationen? Man zog die sechshundert niederländischen UN-Soldaten, die in Srebrenica stationiert waren, um die Muslime zu schützen, zurück und verhielt sich dann passiv.
- Zu Beginn des Jahres 2003 brachen zwischen der schwarzen und der arabischen Bevölkerung in der Darfurregion im Sudan Kämpfe aus. Der Konflikt hat sich zu einer ethnischen Säuberungsaktion ausgeweitet, die viele als Völkermord betrachten. Über zwei Millionen Menschen, vor allem Schwarzafrikaner, befanden sich zu Beginn des Jahres 2005 auf der Flucht, und man schätzt, dass zwischen 180 000 und 300 000 Menschen getötet wurden. Es wird von Vergewaltigungen, Raub, Mord und weitreichender Zerstörung berichtet, und in den Flüchtlingslagern sterben die Menschen an Krankheiten und Hunger. Die UN haben humanitäre Hilfe geleistet und in begrenztem Rahmen Sanktionen gegen die Regierung des Sudan durchgeführt. Sie haben sich jedoch, trotz der Gefahr, dass sich die Situation weiter verschlechtert, passiv verhalten.

Eine Weltorganisation, die für Frieden und Freiheit sorgen soll und die dieses Ziel nur teilweise erfüllen kann, handelt gegen ihre eigenen Ansprüche. Eine UNO, der die Hände gebunden sind, wenn sie wirklich gebraucht wird, stellt nicht nur für sich selbst ein Problem dar, sondern für die ganze Welt. Die Vereinten Nationen sind eine unserer wichtigsten Institutionen und tun viel Gutes, doch leider funktionieren sie nicht auf optimale Weise. Vielleicht sollten nur wirkliche Demokratien Aufnahme in die Vereinten Nationen finden, und alle Diktaturen, nichtdemokratischen, kommunistischen Staaten, Unterdrückerregime und so weiter sollten auf die Warteliste gesetzt werden, bis sie zu funktionierenden Demokratien geworden sind, die die Menschenrechte wahren.

Der Begriff »Unterwürfigkeit«, der bedeutet, dass man übertrieben höflich und freundlich ist, um sich Vorteile zu verschaffen, hat keinen besonders positiven Klang. Andere Wörter, die negative Assoziationen hervorrufen, sind »Kriecher« und »Schmeichler«. Diese Begriffe werden als negativ empfunden, weil dabei das Bild auftaucht, wie ein gutgläubiger Mensch manipuliert wird. Wir wollen nicht gern gutgläubig sein, und wir wollen auch nicht manipuliert werden.

Wie sollen wir uns diesen Begriffen gegenüber verhalten? Ist es akzeptabel, dass Menschen unter einer Maske der Güte egoistisch handeln?

Natürlich wäre es ideal, wenn Menschen immer nur Gutes tun würden und dies nur aus altruistischen Gründen, doch wenn es sich außerhalb der Welt des Märchens leider nicht so verhält, dann sollten wir es doch als positiv bewerten, dass Menschen Gutes tun, auch wenn sie es nur tun, um einen guten Eindruck zu vermitteln. Aber wenn die Unterwürfigkeit als Teil eines übergreifenden Plans für etwas, das nicht gut ist, erscheint, dann sollte die Handlung als negativ betrachtet werden. Und natürlich kann es schwer sein, es mit kriecherischen Menschen auszuhalten. Letztendlich können Unterwürfigkeit und Schmeichelei sowohl negativ als auch positiv sein. Wie so oft, wenn es um Gutsein geht, muss jede Situation für sich betrachtet werden.

Und schließlich – Scheinheiligkeit zielt darauf ab, der Umgebung weiszumachen, dass eine bestimmte Person bis in die Tiefen ihrer Seele gut ist. Alles, was sie tut, erscheint so edel und erhaben, dass uns gewöhnlichen Sterblichen unsere ständigen Defizite besonders groß erscheinen. Gleichzeitig gehen uns solche Menschen auf die Nerven. Der Grund dafür ist, dass nur ganz wenige wirklich durch und durch gut sind, und wir besitzen in der Regel die Fähigkeit, zwischen genuinem und falschem Gutsein zu unterscheiden. Und Scheinheiligkeit ist genau das, was das Wort sagt – ein äußerer Anstrich, der nicht im Innern des Menschen verankert ist.

Nett und dumm

In der gängigen Auffassung begegnet einem nicht selten eine Verbindung zwischen Nettsein und Einfalt. Doch gibt es keine Assoziation zwischen echter Freundlichkeit und

Dummheit. Hingegen gibt es die falsche Freundlichkeit, die grundsätzlich dumm ist.

Unser Sohn war acht Jahre alt, als er so lange jammerte, bis er in dem Vorort, in dem wir wohnen, mit dem Fahrrad herumfahren durfte. »Alle in der Klasse dürfen das«, behauptete er mit Bestimmtheit. Am Ende gaben wir nach und ließen ihn ohne Begleitung durch die Gegend radeln. Mich beunruhigte diese Entscheidung, aber ich glaubte, dass sie im Hinblick auf seine Integrität gegenüber den Freunden und uns dennoch richtig sei. Am Samstag darauf war ich allein zu Hause, als ich plötzlich hörte, wie die Haustür geöffnet wurde. Normalerweise kam ein »Hallo«, das klarstellte, wer nach Hause gekommen war, doch diesmal blieb es still. Ich ging die Treppe hinunter und fand meinen Sohn zitternd vor Weinen. Als ich ihn fragte, was geschehen sei, berichtete er zwischen Schluchzern, dass er von einem Auto angefahren worden sei. Der Fahrer hatte glücklicherweise vor dem Zusammenstoß noch eine Vollbremsung machen können. Mein Sohn hatte nur Schürfwunden davongetragen, hatte sich aber furchtbar erschrocken. Wir einigten uns sogleich darauf, dass er doch nicht ohne uns Fahrrad fahren sollte, bis wir alle das Gefühl hätten, er würde das gut hinkriegen. Ich verfluche mich selbst, weil ich unbedingt nett und einfühlsam auf die Bitte unseres Sohnes hatte reagieren wollen.

Aber wer will nicht zu den »netten Eltern« gehören? Anstatt verantwortlich und erwachsen zu handeln, wollen wir vor unseren Kindern gut dastehen und geraten in die Falle der falschen Freundlichkeit, des falschen Nettseins. Manchmal müssen wir Dinge tun, die die Kinder als gemein empfinden, weil es zu unseren Aufgaben gehört, Fürsorge zu tragen. Und das ist ja ein zentraler Aspekt von Erziehung – auf eine Art und Weise zu agieren, die uns manchmal auf kurze Sicht unpopulär macht, die aber hoffentlich in der Zukunft allen dienen wird. Das ist ein typisches Beispiel für falsche, das heißt dumme Freundlichkeit, die schlimme Folgen hätte haben können.

Als Tsabo Mbeki nach Nelson Mandela Präsident von Südafrika wurde, stand das Land am Rande einer katastrophalen Epidemie. Immer mehr Menschen erkrankten an Aids, und große Teile der Bevölkerung waren mit dem HI-Virus infiziert. Es hätte erhebliche Kraftanstrengungen erfordert wie Informationskampagnen und die Bereitstellung von Medikamenten, um unter anderem HIV-infizierte Schwangere zu behandeln, damit ihre Kinder vor einer Ansteckung geschützt sind, sowie Aktionen gegen die weit verbreitete Prostitution.

Wie reagierte Mbeki? Er behauptete, es gebe keine Beweise dafür, dass HIV Aids verursache. Die Krankheit stehe vielmehr mit der Armut in Zusammenhang. Er unterstrich bei mehreren Gelegenheiten, dass er nicht vorhabe, auf schlecht begründete Theorien über die Ursachen von Aids hereinzufallen. Des Weiteren behauptete er, dass es unklare Risiken gäbe, wenn man die Medikamente nähme, die die Entwicklung der Krankheit bremsen und die Verbreitung verhindern sollten. Dies hatte zur Konsequenz, dass diese Medikamente in Südafrika nur begrenzt eingesetzt wurden. In der Zwischenzeit hatten sich Millionen von Menschen mit dem tödlichen Virus angesteckt, viele von ihnen waren Kinder. Die Bevölkerung Südafrikas hat einen hohen Preis für Mbekis Ansichten über Aids und HIV bezahlen müssen, die doch am Ende nichts anderes waren als schlecht kaschierte Dummheit.

Die Fähigkeit, seine Mitmenschen gut zu behandeln, ist eine Form von Intelligenz. Wir alle besitzen solch eine mehr oder weniger gut entwickelte ethische Intelligenz, und es gibt nichts, das uns daran hindert, diese Fähigkeit im Laufe unseres Lebens zu entwickeln. »Freundlichkeit« ist, meiner Interpretation des Begriffes nach, niemals mit Dummheit verbunden, sondern stets mit Fürsorge.

Zusammenfassung

Nachgiebigkeit oder Schwäche sollten nicht mit dem Begriff Freundlichkeit verwechselt werden. Wenn man seine Meinung nicht sagen oder sich selbst und seine Umwelt nicht verteidigen kann, dann nutzt das niemandem, und das Ergebnis wird am Ende auch negativ sein. Wenn man das Resultat seiner Handlungen nicht angemessen analysieren kann, ist auch das kein Ausdruck von Freundlichkeit. Wer so tut, als sei er nett, in Wirklichkeit aber völlig andere Ziele verfolgt, der ist nicht nur rücksichtslos, sondern kann auch zu einer Gefahr für andere werden.

Dann kann es passieren, dass die Ethik unter der Flagge von falscher Freundlichkeit segelt, während die Handlungen selbst eigentlich ein Ausdruck von Schwäche, von Bösartigkeit oder reiner Dummheit sind. Es ist wichtig, dass wir lernen, in der Begegnung mit unseren Mitmenschen echte von falscher Freundlichkeit zu unterscheiden. Aber noch wichtiger ist es, dass wir für uns selbst unsere Handlungen abwägen, um sicherzustellen, dass deren Auswirkungen gut sind.

... UND ECHTE FREUNDLICHKEIT

Jetzt aber genug von falscher Freundlichkeit, genug von Dummheit, Schwäche und passiver Aggressivität. Nun wenden wir uns der echten Freundlichkeit zu. Was heißt es, freundlich zu sein, und welche Eigenschaften zeichnen den freundlichen Menschen aus? Wie sollte man denken und handeln, um gut zu sein?

Nette Gedanken und nette Taten

Manchmal wird behauptet, ein guter Mensch sollte nur positive Gedanken haben. Und es stimmt natürlich, dass es nicht gut ist, wenn wir negative Gefühle für unsere Mitmenschen hegen, allein schon deshalb nicht, weil wir selbst am meisten darunter leiden. Doch gleichzeitig müssen wir einsehen: Es gibt keine vollkommenen Menschen. Es ist eine unrealistische Forderung, dass wir niemals gemeine und böse Gedanken hegen sollen. Ist es denn überhaupt möglich, seine Gedanken zu kontrollieren? Nein, das ist ohne ein trainiertes Bewusstsein schwer zu bewerkstelligen. Wir können vieles in unserem Leben lenken, doch über unsere Gedanken haben wir meist keine Kontrolle.

Vergessen Sie also getrost die Botschaften der verschiedenen religiösen Vordenker, wie verwerflich es sei, gemeine Gedanken zu hegen. Ich glaube vielmehr, dass es nur gut sein kann, das schlechte Gewissen loszuwerden, das wir haben, wenn wir Böses denken. Wenn wir uns selbst entlasten können, indem wir hin und wieder etwas Gemeines denken, verringern wir unser Bedürfnis, diese Gedanken in die Tat umzusetzen.

Wir haben bedeutend mehr Möglichkeiten, unsere Handlungen zu kontrollieren, als wir glauben. Der Beschluss, Gutes zu tun, liegt bei uns, und das Motiv hinter diesem Vorhaben ist dabei gar nicht mal das Wichtigste. Am Ende zählt nur, was wir tun.

Stellen Sie sich vor: Zu Ihrem Geburtstagsfest kommt eine zu Geiz neigende Freundin mit einem mickrigen kleinen Geschenk; zu allem Überfluss handelt es sich auch noch um etwas, das Sie bereits besitzen. Als Ihre Freundin die Enttäuschung in Ihrem Gesicht sieht, versichert sie schnell, dass sie eigentlich etwas ganz besonders Schönes hatte kaufen wollen, doch leider habe es das ausgerechnet in dem einen Laden, den aufzusuchen sie die Zeit gehabt habe, nicht gegeben. Dabei legt sie den Kopf schief und gibt den vermeintlich weisen Spruch zum Besten: »Aber es ist ja der gute Wille, der zählt.«

Jedes Mal, wenn ich diesen Satz höre, bin ich erstaunt. Menschen nehmen davon Abstand, anderen eine Freude zu machen, und behaupten dann hinterher, sie hätten ja vorgehabt, Gutes zu tun, aber leider sei etwas dazwischengekommen. Dabei spielt es keine Rolle, ob es um abgesagte Treffen, die Haushaltskasse der Familie – die man hatte aufbessern wollen, dann aber durch verlorene Wetteinsätze dezimiert hat –, eine gescheiterte Erziehungsstrategie oder um Geburtstagsgeschenke geht, die man nicht mehr besorgen konnte – fallen Sie nicht darauf rein! Es ist nämlich nicht der gute Wille, der zählt – es ist die Tat. Und wenn die Tat gut ist, dann ist die Begründung der Tat nur von sekundärer Bedeutung.

Wir sollten keine unmöglichen Forderungen an uns stellen. Was zählt, ist der Versuch, Gutes zu tun. Wir brauchen kein schlechtes Gewissen zu haben wegen der gemeinen Gedanken, die manchmal in uns aufkeimen. Es ist zwar nicht gut für uns, schlechte Gedanken zu hegen, aber es gibt etwas, das noch schlimmer ist: diese schlechten Gedanken in Taten umzusetzen. Denn am Ende kommt es allein auf unsere Taten an. Und ein freundlicher Mensch ist vor allem jemand, der Gutes für andere *tut*. »Alle schönen Gefühle in der Welt«, schrieb einst der amerikanische Dichter James Russell Lowell, »wiegen weniger als eine einzige freundliche Tat.«

Lassen Sie uns also die Redewendung »Es ist der gute Wille, der zählt« in die Schublade für Plattitüden verweisen, zu all den anderen Wendungen, die auf den ersten Blick klug und durchdacht erscheinen, sich aber nach kurzem Nachdenken als offensichtlich dumm erweisen.

Es gibt eine Reihe anderer, ebenso undurchdachter Binsenweisheiten, derer wir uns gern bedienen. Ein Beispiel für Ausdrücke, die in die Irre führen: »Wer seinen Weg allein geht, ist stark.« Warum sollte Einzelkämpfertum Stärke bedeuten? Es ist natürlich das Gegenteil der

Fall: Gemeinsam sind wir stärker als allein. Mehr noch: Ohne soziales Netz verkümmert der Einzelne.

Ganz zu schweigen von dem Spruch »Man soll sich immer in der Mitte halten«. Warum sollte es am besten sein, ständig im vermeintlichen Mainstream zu schwimmen und niemals Stellung zu beziehen oder etwas Neues auszuprobieren?

Mein Lieblingsbeispiel in der Kategorie »Dumme Sprüche« ist aber immer noch: »Man soll gehen, wenn es am schönsten ist.« Kann mir irgendjemand erklären, warum ich mich zurückziehen soll, wenn gerade alles zum Besten steht? Damit ich dann hinterher darüber nachdenken kann, was mir entgangen ist? Es ist doch wohl ganz klar, dass wir erst gehen, wenn das Schönste vorbei ist.

Um es zusammenzufassen: Seien Sie vorsichtig mit all diesen Sprüchen. Es gibt welche, die durchaus einen klugen Gedanken vermitteln, aber auch viele, die nichts als blanker Unsinn sind. Am Ende ist es doch so, dass sich jeder selbst ein Urteil bilden sollte und man sich nicht von simplen und manchmal leeren Phrasen dazu verleiten lassen sollte, das eigene Denken einzustellen.

Doch wenn es nun die Tat ist, die zählt: Wie können wir die Konsequenzen unserer Handlungen voraussehen? Woher sollen wir wissen, ob jede einzelne unserer Taten gute Auswirkungen haben wird? Die Antwort lautet, dass es nicht möglich ist, alle Konsequenzen unseres Handelns vorauszusehen, da sie unendlich sind. Das Leben eines jeden Menschen berührt Tausende anderer Leben, und so befinden wir uns alle in einem Gefüge wechselseitiger, immer weiter ausgreifender Beziehungen und Einflüsse, einem niemals endenden, immer größer werdenden Kreislauf.

Als ich einmal einen Vortrag über Ethik hielt, kam nach der Veranstaltung eine Frau zu mir nach vorn und dankte mir dafür, dass ich ihr das Leben gerettet hätte. Ich sah sie verwundert an. Sie erzählte mir, sie habe vor zehn Jahren einen Vortrag von mir über Krebs gehört. Am Ende hätte ich die Zuhörer eingeladen, im Falle persönlicher Fragen zu mir zum Podium zu kommen, denn wenn man mit dem Thema Krebs konfrontiert werde, komme es oft vor, dass man anfange, sich über die eigene Gesundheit Sorgen zu machen. Die Frau hatte mir damals eine Hautveränderung gezeigt, und ich hatte ihr geraten, diese so schnell wie möglich entfernen zu lassen. Das habe sie auch getan, berichtete die Frau, und ein paar Wochen später sei sie über den Befund informiert worden: Es habe sich bei der Hautveränderung um ein malignes Melanom gehandelt, eine Form von Hautkrebs, die man umgehend operieren lassen sollte. Jetzt wolle sie sich bei mir bedanken, weil sie von ihrem Krebs geheilt worden sei.

Wenn sie vor zehn Jahren nicht zu diesem Vortrag über Krebs gegangen wäre, dann hätte ihr Leben vielleicht einen anderen Verlauf genommen, und das hätte wiederum viele Menschen in ihrer Umgebung beeinflusst. Ich selbst konnte mich nicht einmal mehr an die Frau und den Rat, den ich ihr gegeben hatte, erinnern. Wenn sie nach dem Ethikvortrag nicht zu mir gekommen wäre, dann hätte ich nie erfahren, wie ich ihr Leben und das ihrer Angehörigen beeinflusst hatte.

Ich habe mich einmal mit einem gelehrten jüdischen Rabbiner unterhalten, der viele lesenswerte Bücher verfasst hat. Wir kamen darauf zu sprechen, wie es ist, Bücher für ein großes Publikum zu schreiben, ohne je zu erfahren, wie die Menschen darauf reagieren. Er sagte: »Ein Buch zu schreiben ist, als würde man im Dunkeln mit einer Maschinenpistole schießen. Man hat keine Ahnung, wen man treffen wird.« Ich muss gestehen, dass mich dieser etwas brutale, aber wohlformulierte Ausspruch des gelehrten Mannes zunächst erstaunte.

Doch trifft das nicht nur auf das Schreiben von Büchern zu, sondern auch auf das Erstellen von Fernseh- und Radioprogrammen, das Drehen von Filmen, das Schreiben von Artikeln oder das Halten von Vorträgen – kurz, auf alle medialen Aktivitäten, die eine Menge Leute erreichen. Auch kurze Begegnungen mit Fremden – im Restaurant, im Bus, auf der Straße – können ungeahnte Auswirkungen haben. Diese Treffen können Menschen auf eine Weise beeinflussen, von der wir nie etwas erfahren werden.

Wir treffen jeden Tag Entscheidungen, die sich auf andere Menschen auswirken, und über die allermeisten Konsequenzen dieser Entscheidungen erfahren wir nie etwas. Ist das ein Grund, zu resignieren und zu behaupten, es sei egal, was wir tun, weil wir die Folgen unseres Handelns ja doch nicht überschauen können? Nein, auf keinen Fall. Vielmehr sollten wir danach streben, so gut wie möglich zu handeln und im Vertrauen auf die positive Wirkung unseres Tuns zu leben. Der griechische Fabeldichter Äsop formulierte vor mehr als zweitausendfünfhundert

Jahren einen Gedanken, der heute noch Gültigkeit besitzt: »Keine gute Tat, sei sie auch noch so klein, ist in irgendeiner Weise verschwendet.«

Freundlichkeit und Einschätzungsvermögen

Beim Freundlichsein geht es nicht darum, Gutes zu denken; worauf es ankommt, ist, Gutes zu tun. Das heißt natürlich nicht, dass freundliches Verhalten keine gedankliche Arbeit erfordert; vielmehr müssen wir dabei in höchstem Maße unser Denkvermögen und unsere ethische Intelligenz gebrauchen. Ohne ein gutes Einschätzungsvermögen ist es schwer, um nicht zu sagen unmöglich, freundlich zu sein.

In der praktischen Philosophie sind verschiedene Theorien entwickelt worden, wie Menschen am besten miteinander umgehen sollten, damit ethische Grundsätze gewahrt bleiben. Es gibt, auf einen einfachen Nenner gebracht, zwei Hauptrichtungen in der Ethik. Die deontologische oder Pflichtethik geht davon aus, dass der Mensch von Normen und Regeln gesteuert wird, die ihm Orientierung geben, wie er mit unterschiedlichen Situationen umgehen soll. Bestimmte Prinzipien müssen gelten, und der Mensch sollte sein Handeln danach ausrichten. Dahinter steht der Gedanke, dass wir von einem starken Pflichtgefühl gegenüber diesem Regelwerk bestimmt werden.

Die nutzenethische (oder utilitaristische) Schule, auch Konsequentionalismus genannt, behauptet, dass allein das Ergebnis zählt und dass wir, anstatt starren Prinzipien zu folgen, Lösungen anstreben sollten, die so vielen Menschen wie möglich dienen. Vereinfacht ausgedrückt: Der Nutzenethiker strebt nach dem größtmöglichen Glück für möglichst viele Menschen.

Ich habe schon ein Beispiel angeführt, das diese unterschiedlichen Haltungen gegenüber der Ethik verdeutlicht. Ein Waggon fährt mit hohem Tempo auf ein Gleis zu, auf dem fünf Menschen stehen. Man kann so handeln, dass die fünf gerettet werden, aber die Folge davon wird sein, dass ein anderer Mensch stirbt.

Die Pflichtethiker werden sich hier an das Prinzip halten, dass wir nicht töten dürfen, und dann begründen, warum sie das Leben eines anderen Menschen nicht opfern dürfen. Die Nutzenethiker hingegen werden behaupten, der beste Weg sei, einen Menschen zu opfern und dafür fünf andere zu retten.

Die Probleme beider Richtungen sind schnell erkannt. Hält man sich allzu streng an die Regeln und Normen, führt das zu mangelnder Flexibilität, was zur Folge hat, dass der Mensch die Verantwortung, die komplexe Situationen erfordern, nicht übernimmt. Ein Problem der Nutzenethik ist, dass man nicht ausrechnen kann, welche »Glücksmenge« sich nach jeder einzelnen Handlung unter dem Strich ergibt. Beide Richtungen haben die Tendenz, sich selbst ad absurdum zu führen, wenn sie allzu strikt befolgt werden.

Ein klassisches Beispiel hierfür wäre die Frage, ob man das Leben eines gesunden Menschen zerstören darf, um mit seinen Organen das Leben von fünf anderen Menschen zu retten. Der nutzenethischen Logik zufolge ist dies kein gangbarer Weg, weil er »Unruhe in der Gesellschaft« hervorriefe, wenn die Leute um einen herum plötzlich hingerichtet werden würden. Mir ist es unmöglich, in solchem Vorgehen eine annehmbare Lösung zu sehen, selbst wenn es keine große Unruhe erzeugen würde.

Die Wahrheit liegt wahrscheinlich irgendwo in der Mitte zwischen diesen beiden philosophischen Schulen. Wir sollten sowohl an Normen und Regeln als auch am allgemeinen Nutzen orientiert denken und handeln. Denn die Crux mit der Ethik ist: Es gibt meist keine einfachen Lösungen, und in solchen Fällen müssen wir uns der genannten Werkzeuge bedienen und uns auf unser Einschätzungsvermögen verlassen. Die Kunst, ein freundlicher Mensch zu sein, beinhaltet, dass wir ein gutes Urteilsvermögen haben und zur Reflexion fähig sind, denn die Verantwortung für unsere Taten liegt allein bei uns.

Freundlichkeit und Mut

Meine Mutter verbrachte einen großen Teil des Zweiten Weltkriegs im Warschauer Ghetto, dessen Juden fast alle in Vernichtungslager transportiert wurden, wo man sie ermordete. Auch meine Mutter und meine Großmutter wurden auf den sogenannten Umschlagplatz getrieben, von wo aus sie dann weiter in die Gaskammern gebracht werden sollten. Der ältere Bruder meiner Mutter, Rudek, hatte ihnen zuvor eingeschärft, sie sollten sich, wenn sie in der Schlange zu den Zügen stünden, so weit wie möglich nach hinten fallen lassen. Als sie sich nach langem Warten dem Bahnsteig näherten, stand Rudek plötzlich neben der Schlange. Er hatte ein Fahrrad gestohlen und eine Polizistenmütze aufgesetzt und sagte mit entschlossener Stimme: »Diese beiden hier sind vom Transport befreit.« Die deutschen Soldaten waren verunsichert, doch als sie in dem Moment von einer Unruhe in der Schlange abgelenkt wurden, packte Rudek resolut seine Schwester und die Mutter und entfernte sich mit ihnen Richtung Tor. Dort wiederholte er, dass die beiden vom Transport befreit seien, und sie gingen zusammen zurück ins Ghetto. Später gelang es Rudek, die beiden aus dem Ghetto zu holen und auch selbst zu fliehen. Meine Mutter und ihr Bruder überlebten dann den Krieg, indem sie sich bis zur Befreiung von Warschau bei einer Familie versteckt hielten.

Rudek wollte niemals vom Krieg und von dem Heldenmut sprechen, den er damals bewiesen hatte. Ich erinnere mich, dass ich Rudek nach der Geburt unseres ältesten Sohnes meinen Dank aussprach, weil er nicht nur das Leben meiner Mutter, sondern indirekt auch mein eigenes und das meines Kindes gerettet habe. Ein leises Lächeln trat in Rudeks Gesicht, aber er sagte nichts. Meine Mutter glaubte, ihr Bruder wollte nicht vom Krieg und von seinen Taten sprechen, weil er sich vorwarf, dass er nicht auch das Leben seiner Eltern gerettet hatte.

Mein Onkel hätte auch ausschließlich an sich selbst denken können und dadurch seine Chancen, den Krieg zu überleben, bedeutend erhöht. Stattdessen entschied er sich dafür, Verantwortung für seine Familie zu übernehmen, und so schaffte er es, auch noch meine Mutter dem

Tod zu entreißen. Ich glaube, Rudek meinte immer, keine andere Wahl zu haben und nur so und nicht anders handeln zu können. Doch er hatte eine Wahl, und er wählte die Möglichkeit, für andere zu sorgen. Eine moralisch gute Entscheidung erfordert manchmal auch Mut.

Ein anderes Beispiel für großen Mut im Zusammenhang mit dem Völkermord an den Juden im Zweiten Weltkrieg sind die Taten des schwedischen Diplomaten Raoul Wallenberg. Indem er an Juden, die in Konzentrations- und Vernichtungslager transportiert werden sollten, schwedische Schutzpässe verteilte, bewahrte er Tausende von ihnen vor dem Tod. Dabei setzte er sein eigenes Leben aufs Spiel. Gegen Ende des Krieges verschwand Wallenberg und starb, wie man annimmt, in einem sowjetischen Gefängnis. Sein Einsatz führte aber nicht nur zur Rettung unzähliger Menschen, sondern erinnert darüber hinaus auch daran, wie viel Gutes ein einzelner Mensch leisten kann. Er ist ein Vorbild für alle, die durch sein Handeln selbst den Mut finden, ihrerseits Menschen in Not zu helfen.

Winston Churchill war in den dreißiger Jahren, als Hitler begann, den deutschen Kriegsapparat aufzurüsten, ohne politisches Amt, doch begriff er, was da vor sich ging, und begann eine intensive Kampagne, um die Öffentlichkeit über Hitlers Pläne zu informieren, damit England sich gegen den unausweichlichen Krieg rüsten konnte. Einige Jahre lang wurde Churchill im Parlament offen verhöhnt und als Kriegshetzer beschimpft. Im Jahre 1940, als der Krieg bereits ausgebrochen war, wählte man ihn zum Premierminister. Nun hatte er die Verantwortung für die

Kriegsmacht, die in großen Teilen dazu beitrug, dass Deutschland schließlich besiegt wurde.

Manchmal muss man, um Gutes zu tun, einen Weg wählen, den andere als falsch ansehen. Man kann für etwas, von dem man glaubt, es könne vielen dienen, verhöhnt und sogar verfolgt werden.

Im Rahmen einer amerikanischen Untersuchung hat man beobachtet, was mit sogenannten *whistleblowers* geschah, Personen, die Alarm geschlagen hatten, wenn ihnen in ihrem Betrieb etwas unethisch vorgekommen war. Alle verloren ihren Arbeitsplatz, mehr als die Hälfte war zuvor von Kollegen gemobbt worden, und bei mehr als achtzig Prozent verschlechterte sich die psychische und physische Gesundheit. Aber noch interessanter scheint mir zu sein, dass die allermeisten von ihnen mit ihrer Entscheidung, auf Missstände aufmerksam zu machen, zufrieden waren. Am Ende erschien es ihnen am wichtigsten, dass sie den Mut gehabt hatten, redlich zu handeln.

Es kann auch Mut erfordern, sich gute Ziele zu setzen und diesen Idealen dann konsequent nachzustreben, auch wenn die Wahrscheinlichkeit, sie zu erreichen, recht gering erscheint. Ende der achtziger Jahre hatte ich gemeinsam mit Karl-Henrik Robèrt, einem Arztkollegen, für die Sozialverwaltung ein Informationsprogramm zum Thema Aids produziert, das aus einer Tonbandkassette und einem Heft mit Bildern und Texten bestand. Damals begann Karl-Henrik über ein entsprechendes Informationsprogramm zu Umweltfragen nachzudenken, ein Vorhaben, das ihm sehr am Herzen lag. Eines Tages rief er mich voller Begeisterung an und erzählte mir von seinem Plan, ein Programm über Umweltprobleme zu entwickeln, das an alle 4,3 Millionen schwedischen Haushalte verteilt werden sollte und zu dem man auch Fernsehsendungen machen und Untersuchungen durchführen würde. Das ganze Projekt sollte durch Sponsoren finanziert werden. Im Stillen hielt ich die Idee für blanken Wahnsinn, aber ich versprach zu helfen, denn wenn jemand das schaffen konnte, dann war es Karl-Henrik, der mit einer speziellen Mischung aus Zielstrebigkeit, Kreativität und Mut ausgestattet ist. Weniger als ein Jahr später war das ganze Projekt einschließlich Versand und Fernsehsendung aus dem Boden gestampft. Es wurde zum Startschuss für eine intensive Arbeit, die die Erforschung von Umweltproblemen, die Ausbildung von staatlichen Mitarbeitern und dergleichen beinhaltete. Die Stiftung »Det Naturliga Steget« (»Der natürliche Weg«) ist heute eine erfolgreiche Umweltorganisation mit Niederlassungen in zwölf Ländern.

Was Karl-Henrik Robèrt antrieb, war der unbändige Wunsch, zu einer besseren Welt beizutragen. Er besaß eine tiefe Überzeugung, die er auf leidenschaftliche Weise in Taten umsetzte. Das Streben, Gutes zu tun, verbunden mit einer gehörigen Portion Mut, machte es möglich, dieses »unmögliche« Projekt zu realisieren.

Aber Mut braucht man nicht nur für große Projekte oder für Entscheidungen, bei denen es um Leben oder Tod geht. Manchmal brauchen wir ihn auch in alltäglichen Situationen. Ein Beispiel: An Ihrem Arbeitsplatz ist ein neuer Mitarbeiter eingestellt worden, der so stark nach

Schweiß riecht, dass alle vermeiden, in seine Nähe zu kommen. Jemand hat das Thema Ihrem Chef gegenüber erwähnt, der peinlich berührt gelacht und gesagt hat, es sei einzig und allein Sache des Mitarbeiters, wie oft er zu duschen gedenke. Keiner der Kollegen reißt sich darum, einzuschreiten. Werden Sie den neuen Kollegen darauf ansprechen?

Ich habe diese Frage in vielen Vorträgen gestellt und bekomme immer ungefähr dieselbe Antwort. Einige wenige Teilnehmer sagen, sie würden mit dem Kollegen reden, während die übrigen davon Abstand nehmen, oft mit der Begründung, das sei nicht ihre Angelegenheit und es würde ihnen unangenehm sein.

Auf kurze Sicht ist es natürlich nicht besonders nett, jemandem zu sagen, dass er nach Schweiß riecht. Und man kann sich durchaus fragen, ob das zum eigenen Verantwortungsbereich gehört. Man kennt den Mann ja kaum. Und wenn er dann wütend wird?

Aber was wird mit ihm geschehen, wenn ihn niemand auf sein Problem aufmerksam macht und infolgedessen niemand mit ihm verkehren möchte? Wahrscheinlich wird er sozial isoliert sein, vielleicht seinen Arbeitsplatz verlieren und dann zum nächsten Job ziehen, wo sich wieder dasselbe Problem ergeben wird. Und wie steht es um sein Privatleben?

Aus dieser Perspektive erscheint ein Eingreifen als gute Tat, als Ausdruck von ehrlicher Freundlichkeit. Aber es ist nicht leicht, denn es widerstrebt einem, so etwas zu einem Menschen zu sagen, den man kaum kennt. Was ist denn die Voraussetzung dafür, diesen Schritt zu unternehmen?

Ja, man braucht Mut dazu, sich für jemanden einzusetzen, obwohl es einem nicht behagt.

Im Zuge einer Studie sollten Probanden schätzen, wie lang zwei Linien im Verhältnis zueinander seien. Menschen, die diese Schätzung allein vornehmen durften, beantworteten die Frage, welche Linie die längere sei, in neunundneunzig Prozent der Fälle richtig. Führte man hingegen dasselbe Experiment in Gruppen von fünf Personen durch, wobei die ersten vier in geheimer Absprache mit dem Versuchsleiter eine falsche Antwort gaben, dann schätzten auch die Versuchspersonen in mehr als einem Drittel der Fälle falsch. Man braucht offenbar Mut und Integrität, um dem Druck der Gruppe zu widerstehen.

Es ist nämlich keineswegs immer so, dass die Mehrheit recht hat und die Minderheit sich irrt. Manchmal ist man auch der Einzige, der recht hat, während alle anderen sich täuschen. Da braucht man viel Mut, um für das, was man für richtig hält, einzustehen. Dann müssen wir unsere Ängste besiegen. Wenn wir Angst haben, werden wir geprüft.

Manchmal reichen Normen, Regeln und Gesetze nicht aus

Nach dem Gesundheits- und Pflegegesetz unterliegt das Pflegepersonal der Schweigepflicht. Es gibt einzelne Ausnahmen, zum Beispiel im Falle bestimmter ansteckender Krankheiten, aber normalerweise dürfen wir keine Informationen über unsere Patienten weitergeben.

Die moderne Gentechnik ermöglicht es uns, festzustellen, ob jemand die Anlage für erbliche Krebserkrankungen in sich trägt. Wenn die DNA eines Menschen eine solche Prädisposition aufweist, dann liegt die Wahrscheinlichkeit, dass seine Kinder und Geschwister dieselbe Anlage besitzen, bei fünfzig Prozent. Alle Personen, in denen sie verankert ist, leben mit einem deutlich erhöhten Risiko, bereits in jungen Jahren an Krebs zu erkranken.

Stellen Sie sich nun vor, Sie seien eine Ärztin oder ein Arzt und behandelten eine Frau mit Brustkrebs. Es wird bei ihr eine Anlage zu Brustkrebs festgestellt, doch sie weigert sich, ihre jüngere Schwester, zu der sie seit vielen Jahren keinen Kontakt hat, davon in Kenntnis zu setzen, was die Diagnose für diese bedeutet: dass sie nämlich ihrerseits mit einer Wahrscheinlichkeit von fünfzig Prozent die Anlage in sich trägt. Wenn die Schwester diese Information nicht erhält, ist die Gefahr groß, dass sich unbemerkt, vielleicht schon früh, eine ernsthafte Krebserkrankung entwickelt. Informieren Sie die Schwester, dann sind die Möglichkeiten, vorbeugende Maßnahmen zu ergreifen, viel größer. Das würde aber heißen, dass Sie das Gesetz brechen müssten und Gefahr liefen, bei der Ärztekammer angezeigt zu werden (ganz abgesehen davon, dass Sie sich unter Umständen den Zorn der älteren Schwester zuzögen). Wie sollten Sie in dieser Situation handeln?

Gesetze und Regeln sind dazu da, dass sie befolgt werden, sonst versinken wir in Chaos. Doch manchmal kommen wir in eine Lage, in der Gesetze und Regeln nicht ausreichen. Wir stehen dann vor Konstellationen, in denen die gesellschaftlichen Normen nicht mit der Wirklichkeit übereinstimmen. Wenn wir in ein solches Dilemma geraten, werden wir mit uns selbst konfrontiert. Wir werden zu unserem eigenen Richter. Reicht die Ethik der Gesellschaft nicht aus, müssen wir uns an eine höhere Ethik wenden. Ich meine damit nicht, dass das obige Beispiel eine Situation darstellt, in der wir das Gesetz brechen sollten. Ich meine lediglich, dass es eine solche Situation sein könnte.

Wenn ich dieses Dilemma Menschen vor Augen führe, die in der Krankenpflege tätig sind, antworten die meisten, man müsse das Gesetz befolgen und dürfe die Schwester nicht informieren. Ich selbst habe mich nach einigem Grübeln dazu entschieden, dass ich es ihr sagen würde. Ein Grund dafür ist reiner Egoismus. Ich würde der Schwester nicht ein paar Jahre später in meiner Sprechstunde begegnen wollen und wissen, dass ich dem Brustkrebs, der sich dann vielleicht bei ihr entwickelt hat, hätte vorbeugen können.

Die Redewendung »Ehrlich währt am längsten« ist sehr bekannt. Sie drückt eine Norm aus, die verlangt, dass wir in allen Lebenslagen ehrlich sein sollen, unserer Umwelt und uns selbst gegenüber. Aber ist das immer so einfach? Oder ist Ehrlichkeit nur eine relative Norm?

Der Psychoanalytiker Ludvig Igra hat in seinem Buch »Die dünne Haut zwischen Fürsorge und Grausamkeit« von einem Ereignis in seiner frühen Kindheit berichtet. Als er erst wenige Monate alt war, ließen ihn seine Eltern eine Zeit lang bei einer Frau zurück, die in einer Hütte in der polnischen Tatra lebte. In dieser Zeit brach in dem

Dorf ein Pogrom los, und man durchsuchte die Häuser auf der Jagd nach jüdischen Kindern, um sie zu töten. Die Frau beteuerte, dass Ludvig ein christliches polnisches Kind sei, und konnte schließlich die Männer überzeugen, so dass sie ihr Haus verließen. Ludvig Igras Leben ist durch eine mitmenschliche Lüge gerettet worden.

Dies ist ein Beispiel dafür, wie Mitmenschlichkeit auch in einer Lüge zum Ausdruck kommen kann. Aber haben wir nur in gefährlichen Situationen das Recht zu lügen? Wohl kaum. Ein kleines Mädchen kommt zu Ihnen, zeigt Ihnen eine Zeichnung und verkündet stolz, sie habe eine Katze gemalt. Sie selbst erinnert das Gebilde eher an einen explodierenden Kühlschrank. Werden Sie sagen, was Sie denken?

Ein guter Freund fragt Sie, wie Sie seinen neuen Mantel finden, der aussieht, als stamme er direkt aus Nosferatus Kleiderkammer. Werden Sie sagen, was Sie von dem Outfit halten?

Sie sind zum Abendessen bei ein paar Freunden, und es ist Ihnen soeben gelungen, die Schuhsohle runterzuwürgen, die dort serviert wurde, als man Sie fragt, wie Ihnen denn das Fleisch geschmeckt habe. Werden Sie sagen, was Sie gerade durchgemacht haben?

Aus Untersuchungen geht hervor, dass der Durchschnittsmensch sich viele Male am Tag der Unwahrheit bedient. In einer anderen Studie, die nur mit Frauen durchgeführt wurde, haben vierundneunzig Prozent der Befragten zugegeben, sie würden regelmäßig lügen, oft zum Beispiel, wenn es um das eigene Gewicht gehe (einundfünfzig Prozent). Neunundzwanzig Prozent mogelten bei Angaben zu ihrem Gehalt. Offenbar gibt es viele Arten von Alltagslügen. Und das ist ein Glück. Denn Ehrlichkeit lässt sich nicht immer mit dem Anspruch vereinbaren, ein freundlicher Mensch zu sein.

Wir haben alle schon mit Leuten zu tun gehabt, die stolz verkünden: »Ich sage immer, was ich denke« oder »Ich bin immer ehrlich«. Äußerungen wie diese sind Warnsignale. Wenn man sich dafür entscheidet, immer ehrlich zu sein, dann sagt man sich nämlich von seiner Verantwortung gegenüber seinen Mitmenschen los. Man macht es sich leicht, denn man hat eine feste Regel, nach der man leben kann, während die Umwelt dem Wahrheitsapostel schutzlos ausgeliefert ist. Leider ist das Leben komplizierter und erfordert eine differenziertere Haltung, als in allen Situationen immer genau das zu sagen, was man denkt. Ehrlichkeit, sowohl sich selbst als auch anderen gegenüber, ist ein Ideal, das man anstreben sollte, aber das Beharren auf Wahrheit lässt sich auch als Waffe einsetzen, um andere zu verletzen.

Nun kann das oben Gesagte den Eindruck vermitteln, ziviler Ungehorsam sei in allen Situationen erlaubt, man habe also das Recht, nach seinem Gewissen zu handeln, wenn man den Eindruck hat, dass in der Gesellschaft etwas schiefläuft. So ist es aber nicht. Diese höhere Form der Ethik erfordert ein entwickeltes Verantwortungsbewusstsein und Urteilsvermögen. Als ich während der achtziger Jahre als Gastwissenschaftler in den USA arbeitete, brachen einige Tierschutzaktivisten in die Tierversuchslabore des Institutes ein und befreiten so viele Tiere wie möglich. Das Problem war nur, dass man dort Tollwutforschungen betrieb und die Tierschutzaktivisten auch die infizierten Hunde freiließen.

Wir sollten nur unter großen ethischen Vorbehalten gegen die Prinzipien verstoßen, die in unserer Gesellschaft gelten. Wir haben Gesetze, Regeln und Normen, weil eine Gesellschaft ohne diese nicht existieren kann. Sie sollen prinzipiell befolgt werden. Doch manchmal stellt die Ethik noch höhere Forderungen an uns. Ein freundlicher bzw. guter Mensch ist manchmal dazu gezwungen, das Richtige zu tun, in dem er das scheinbar Falsche tut.

Zum Abschluss noch ein Beispiel dafür, wie es enden kann, wenn Menschen Regeln, Normen und Gesetze befolgen, ohne viel darüber nachzudenken, ob sie angebracht sind: Drei Wochen nachdem wir unser zweites Kind bekommen hatten, beschlossen meine Frau und ich, ins Kino zu gehen. Meine Eltern passten auf unseren älteren Sohn auf, während wir den Kleinen mit in die Stadt nahmen, um den Film *Awakenings* mit Robert de Niro und Robin Williams zu sehen. Als ich an der Kasse um zwei Karten bat, schaute die Kassiererin auf unseren Sohn, der in einem Tragetuch auf dem Bauch seiner Mutter lag, und sagte: »Sie dürfen Ihr Kind nicht mit ins Kino nehmen.« Ich erwiderte, es sei ein ruhiges Kind, und versprach, dass wir rausgehen würden, falls er entgegen aller Erwartung anfangen würde zu schreien. Sie sah mich erstaunt an und erwiderte: »Das ist nicht der Punkt. Es geht darum, dass dieser Film für Kinder nicht erlaubt ist.« Als ich mein Erstaunen überwunden hatte, kam ich auf die Idee, dass dies eine wunderbare Gelegenheit sei, meine Autorität als Arzt auszuspielen (die einem ja sonst nicht viel Freude bereitet). Also richtete ich mich auf und sagte mit entschiedener Stimme: »Als Arzt weiß ich, dass drei Wochen alte Kinder ihren Blick nicht fokussieren können. Der Kleine kann nichts von dem erkennen, was auf der Leinwand geschieht.« Sie bedachte mich mit einem kleinen Lächeln und sagte: »Aber er kann ja hören!« Nachdem ich über diese Tatsache kurz nachgedacht hatte, konnte ich mir nicht verkneifen zu sagen: »Ich bin stolz und glücklich über die hohen Erwartungen, die Sie der Intelligenz unseres drei Wochen alten Sohnes entgegenbringen, aber glauben Sie wirklich, dass er schon Englisch gelernt hat?« Der Eintritt blieb uns verwehrt.

Viele Jahre später konnte ich zu meiner großen Freude den folgenden Passus in der Zeitung lesen: »Gesetze müssen eine Verankerung in der Wirklichkeit haben, wenn sie glaubwürdig sein und respektiert werden sollen. Es ist höchste Zeit, die Regeln der Kinobetreiber dahingehend zu verändern, dass Mütter und Väter im Erziehungsurlaub Babys im Wagen mit ins Kino nehmen können, auch wenn die Filme für Kinder nicht zugelassen sind.« An diesem Beispiel sieht man, dass es trotz allem in der Gesellschaft einen gesunden Menschenverstand gibt, der dazu führt, dass unsinnige Normen und Regeln mit der Zeit korrigiert werden.

Freundlich mit sich selbst umgehen

Ist es denn nicht gefährlich, immer nur an andere zu denken? Laufen wir nicht Gefahr, uns selbst auszubeuten, wenn wir immer nur für andere sorgen? Begegnen uns nicht ständig ausgepowerte Menschen, erschöpft durch zu viel Engagement und übersteigertes Verantwortungsgefühl?

Es ist wahr, dass wir auch zu uns selbst gut sein müssen. Wir sollten auf uns selbst ebenso achten, wie wir uns um unsere Mitmenschen kümmern. Denn wenn wir unsere Bedürfnisse ignorieren und irgendwann keine Kraft mehr haben, dann können wir auch nicht mehr für unsere Umwelt sorgen.

Diese Art zu denken birgt jedoch auch ein Risiko. Ich erinnere mich an ein Gespräch, das ich vor mehr als zwanzig Jahren mit einer Frau führte, die ich sehr gut kannte. Sie erzählte mir damals, ihr sei jetzt klar geworden, dass sie viel zu viel Zeit und Energie investiert habe, um andere zu unterstützen. Aber jetzt könne sie nicht mehr. Von nun an würde sie mehr an sich selbst denken. Das Erstaunliche daran war nur, dass diese Frau zu den am meisten selbstbezogenen und hilfsunwilligen Menschen gehörte, die ich je kennengelernt hatte.

Seither habe ich häufig Menschen sagen hören, dass sie zu viel Kraft dafür eingesetzt hätten, sich um ihre Mitmenschen zu kümmern, und dass sie jetzt anfangen müssten, sich um sich selbst zu kümmern. Inzwischen bin ich in dieser Hinsicht sehr skeptisch, denn dasselbe Muster ist mir öfter begegnet – es waren immer Menschen, die sich bis dahin nicht sonderlich um das Wohlergehen ihrer Mitmenschen gesorgt hatten.

Manchmal erzählen mir Leute, andere würden ihnen sagen, sie seien »zu nett« und sie müssten stattdessen anfangen, mal an sich selbst zu denken. Ich glaube, dass gerade dieses »stattdessen« die Falle ist, in die man leicht geht. Denn man muss ja gar nicht aufhören, andere freundlich zu behandeln, um *stattdessen* zu sich selbst nett zu sein. Die beste Methode, freundlich mit sich selbst umzugehen, besteht darin, auch zu anderen freundlich zu sein. Und es ist keineswegs unmöglich, sich um andere zu kümmern und gleichzeitig auf sich selbst zu achten.

Manchmal scheint es uns, als nutzten andere uns aus, als verlange die Umwelt zu viel von uns, ohne dass wir je etwas zurückbekommen. Wie sollen wir mit solchen Situationen umgehen? Ich glaube, dass wir versuchen sollten, uns so lange und so viel wie möglich einzusetzen, bis wir an eine Grenze stoßen, an der das Gefühl, ausgenutzt zu werden, so stark ist, dass es in keinem Verhältnis mehr steht. Dann müssen wir handeln, damit die Beziehung zu unseren Mitmenschen nicht darunter leidet.

Wir dürfen nicht vergessen, auch unsere eigenen Bedürfnisse und Interessen zu beachten. Auch wir verdienen es, auf eine gute Weise von uns und von anderen versorgt zu werden. Aber sich selbst gut zu behandeln bedeutet ja nicht, dass man mit seiner Umwelt schlechter umgehen muss. Ich glaube vielmehr, dass ein ausgewogener Kreislauf von Geben und Nehmen keine Energie kostet, sondern vielmehr noch zusätzliche Kraft erzeugt.

Was ist denn jetzt Freundlichsein?

Echte Freundlichkeit ist der Wille, Gutes zu tun, und die Umsetzung dieses Willens in Taten. Das Motiv für freundliches Verhalten kann variieren, und es kann auch sehr gut egoistischer Natur sein, solange dabei die Fürsorge für den Mitmenschen nicht abhanden kommt und das Tun gut ist. Denn am Ende zählt nicht der Gedanke, sondern die Tat.

Beharren wir auf unserem Ausgangspunkt, dass der Mensch gut ist, kann eine Erörterung der Freundlichkeit, deren Schlusssatz lautet, diese sei oft auch egoistisch, zunächst einmal etwas befremdlich wirken. Er wirft die Frage auf, ob es ehrliche, von selbstlosen Motiven getriebene Freundlichkeit überhaupt gibt. Manchmal begegnen uns Menschen – oft sind es die »ganz normalen« –, die eine nur schwer in Zweifel zu ziehende Güte ausstrahlen. Natürlich können wir nie ganz sicher sein, ob sie nicht nach Einbruch der Dunkelheit Banken ausrauben oder Rentner erschrecken, doch das scheint uns höchst unwahrscheinlich zu sein. Es gibt diese Menschen mit solch hellen Seelen. Sie sollten besonderen Schutz genießen, nicht nur, weil sie einer seltenen Spezies angehören, sondern auch, weil sie von großem Nutzen für alle Menschen sind.

Manchmal erfordert ethisches Handeln auch Mut. Manchmal bedeutet Freundlichkeit, etwas zu tun, das andere eher missbilligen. Doch damit das Endresultat positiv ausfällt, muss sie mit Urteilskraft gepaart sein. Es ist wahr, dass das Streben nach Freundlichkeit große Anforderungen an den Menschen stellt. Aber es ist eine Herausforderung, die anzunehmen sich lohnt.

ÄUSSERE HEMMNISSE

Wir alle wollen freundliche Menschen sein, aber manchmal treten wir doch auf eine Art und Weise auf, die sich mit unseren eigenen Idealen nicht vereinbaren lässt. Warum ist das so? Warum leben wir nicht einfach so, wie wir es uns wünschen? Oft verpassen wir aufgrund von äußeren Hemmnissen die Möglichkeit, freundlich zu sein. Äußere Hindernisse sind Faktoren, die uns daran hindern, auf die beste Weise zu handeln, obwohl der gute Wille da ist.

Es folgen ein paar Beispiele, die zeigen, um was für Widerstände es sich handelt und wie wir sie mit Hilfe unserer Vernunft überwinden können. Die Liste erhebt keinen Anspruch auf Vollständigkeit, aber sie führt doch ein paar Gründe an, warum wir manchmal Möglichkeiten für ideales freundliches Handeln übersehen. Um uns weiterentwickeln zu können, müssen wir in der Lage sein, uns selbst einzuschätzen. Wenn wir den Grund dafür kennen, warum wir manchmal davon absehen, ein freundlicher Mensch zu sein, dann können wir gezielter daran arbeiten, uns zu ändern.

Mangel an Zeit und Mitteln

Wir leben in einer von Leistungsdruck bestimmten Gesellschaft. Es wird von jedem Menschen selbstverständlich erwartet, dass er Beruf, Lernen, Familie, Freunde, Freizeit und die eigene Entwicklung gleichzeitig bewältigt. Und dann sollen wir das alles auch noch sehr gut machen. So gesehen ist es kein Wunder, dass wir ständig Zeitprobleme haben. Hier ein Beispiel:

Sie möchten eine Stunde früher als sonst mit der Arbeit Schluss machen, denn Sie haben Ihrem Sohn versprochen, zum Endspiel seiner Fußballmannschaft zu kommen. Es liegt Ihnen viel daran, sich nicht zu verspäten, denn Sie haben kürzlich schon wegen Überstunden das Halbfinale verpasst, in dem er zwei Tore geschossen hat. Damals war er sehr enttäuscht gewesen. Als Sie gerade den Computer ausgeschaltet haben und Ihr Büro verlassen wollen, steht auf einmal Ihr Chef in der Tür und verkündet mit wildem Blick, es sei ein schwerwiegendes Problem aufgetaucht und in zehn Minuten werde eine Krisensitzung stattfinden. Ehe er die Tür wieder schließt, sagt er noch, es sei dringend erforderlich, dass Sie an dieser Sitzung teilnähmen. Sie bleiben vor Ihrem ausgeschalteten Computer sitzen und starren ins Leere, ehe Sie einen Entschluss fassen.

Wie können wir den Konflikt zwischen dem Verlangen nach Selbstverwirklichung und der Notwendigkeit, unseren Kindern ein möglichst gutes Klima zum Aufwachsen zu schaffen, lösen? Was tun wir, wenn uns unsere Freunde brauchen, die Zeit aber immer zu knapp ist? Wie schaffen wir es, zwei große Arbeitsaufgaben zu bewältigen, die bereits alle Zeitrahmen gesprengt haben? Wie lösen wir das Problem, zwischen verschiedenen Verpflichtungen Prioritäten setzen zu müssen, da es noch keinem Menschen gelungen ist, an zwei Stellen gleichzeitig zu sein, und wir es in der Regel auch nicht schaffen, zwei Dinge simultan zu erledigen?

Darauf gibt es keine einfache Antwort. Letztendlich müssen wir die Fähigkeit entwickeln, Prioritäten zu setzen. Und um nicht selbst zu zerbrechen, müssen wir lernen, mit den Beschlüssen, die wir fassen, auch ohne Reue zu leben. Es nützt niemandem, wenn man wegen einer gut durchdachten Entscheidung ein schlechtes Gewissen hat.

Eine ähnliche Form des äußeren Widerstandes ist der Mangel an Mitteln in unserer Gesellschaft, was einem zunächst paradox erscheinen mag, da wir doch in vieler Hinsicht in einer Welt des Überflusses leben. Doch je höher der erreichte Standard ist, desto höhere Erwartungen stellen wir, und dies oft zu Recht. Ein Beispiel aus meinem eigenen Arbeitsbereich sind die schrumpfenden Ressourcen in der Krankenversorgung. Es ist schlimm, wenn Menschen mehrere Monate auf den Bescheid warten müssen, der sie darüber informiert, ob sie Krebs haben oder nicht. Es scheint mir nicht mit einer fürsorglichen Gesellschaft vereinbar, dass Menschen gezwungen werden, über ein Jahr lang mit einem kaputten Kniegelenk herumzulaufen, ehe es gegen ein neues ausgetauscht wird.

Als ein weiterer Faktor kommt hinzu, dass die Mittel, die zur Verfügung stehen, wegen mangelhafter Organisation nicht richtig genutzt werden. Heute behandelt ein durchschnittlicher Arzt in Schweden manchmal weniger als drei Patienten pro Tag, während er vor dreißig Jahren rund dreimal so viele Patienten behandelte. Stattdessen ist der Arzt gezwungen, seine Zeit für Administration, Dokumentation, unnötige Konferenzen, fehlerhafte Computersysteme und vieles mehr aufzuwenden. Es genügt nicht, die Mittel zu haben, sie müssen auch gut eingesetzt werden.

Und nicht nur in der Krankenversorgung fehlt es an Ressourcen. Sollen Kinder in Klassen mit dreißig Schülern gehen und von Lehrern unterrichtet werden, die keine oder nur eine unzureichende pädagogische Ausbildung vorzuweisen haben? Sollen alte Menschen sich um sieben Uhr abends ins Bett legen müssen, weil der Etat für ihre Betreuung nicht ausreicht?

Ein umfassender Mangel an Mitteln kann noch weiter gehende Konsequenzen haben. Das ethische Denken des Menschen kann unter extremen Umständen völlig umgekehrt werden. Ein Beispiel: Nach dem Zweiten Weltkrieg wurde ein ostafrikanisches Volk aufgrund neuer Grenzverläufe in ein unwirtliches Berggebiet umgesiedelt. Die Folge war, dass es ständig unter Hunger litt. Der Anthropologe Colin Turnbull beobachtete, wie dieses Volk dadurch sein Gefühl für Zusammenarbeit, Empathie und Ethik verlor. Man teilte das Essen nicht mehr miteinander und setzte Alte und Kinder zum Sterben aus. Dies war mit einer fast sadistischen Lust verbunden, dem Leiden der anderen zuzusehen. Auch wenn Teile von Turnbulls Schlüssen von anderen Anthropologen in Frage gestellt wurden, so sind seine Beobachtungen doch ein Beispiel dafür, dass das ethische Denken und Handeln in schwierigen Lebenssituationen hintangestellt wird.

Doch man kann diese Problematik nicht ergründen, ohne gleichzeitig festzustellen, dass Menschen auch unter schwierigen Bedingungen sehr viel füreinander tun. Der Wiener Neurologe und Psychiater Viktor Frankl, der drei Jahre im KZ Auschwitz interniert war, hat geschrieben: »Wir, die wir in den Konzentrationslagern lebten, erinnern uns an die, die herumgingen und andere trösteten und ihr letztes Stückchen Brot weggaben. Vielleicht waren es nicht so viele, aber sie sind ein Beweis dafür, dass man dem Menschen alles nehmen kann, nur eins nicht, nämlich die Freiheit, in jeder denkbaren Situation seine Haltung selbst zu wählen.«

Als am ersten Weihnachtsfeiertag 2005 der Tsunami die asiatischen Strände unter sich begrub, starben Tausende von Menschen. Mitten in all dem Schrecken konnten überlebende Europäer davon berichten, wie sich Thailänder, die selbst ihre Angehörigen verloren hatten, auf phantastische Weise um sie gekümmert hatten. Krisensituationen können das ethische Empfinden schwächen, sie können es aber auch stärken.

Fehlende Empathie

Als ich im Alter von fünfundzwanzig Jahren in die USA reiste, um an einem wissenschaftlichen Kongress teilzunehmen, nutzte ich die Gelegenheit, meine damals achtzigjährige Großmutter zu besuchen, die das Winterhalbjahr in einem Hotel in Florida zu verbringen pflegte. Während der Tage, in denen ich bei Großmutter wohnte, senkte ich das Durchschnittsalter im Hotel, das fast ausschließlich von Rentnern bewohnt wurde, signifikant. Meine Großmutter war von mir enttäuscht, weil die Beziehung zu meiner damaligen Freundin Gabriella kurz zuvor auseinandergegangen war und sie sich doch schon auf Urenkel gefreut hatte. Sie sagte mehrmals zu mir, ich solle es doch »mit Gabriella wieder gutmachen«.

Eines Tages hatte sie eine Kamera zum Pool mitgebracht, um mich zu fotografieren. Sie begann mich zu dirigieren: »Einen Schritt vor, nein, doch nicht – wieder zurück, aber nicht so weit, stell dich doch an den Tisch da!« Währenddessen versammelten sich immer mehr Rentner um uns, die mich neugierig beobachteten, während ich herumkommandiert wurde. Wieder und wieder erklärte Großmutter der immer größer werdenden Schar, dass dies nämlich ihr Enkel aus Schweden sei. Ich fühlte mich, so ungewollt im Mittelpunkt stehend, immer unwohler, versuchte aber, Haltung zu bewahren. Am Ende senkte sie die Kamera, ohne ein Bild gemacht zu haben, und sagte mit einem glücklichen Lächeln: »Stefan, du siehst unglücklich aus. Weißt du, warum? Das liegt daran, dass du Gabriella vermisst!«

Empathie ist die Fähigkeit, sich in die Gedanken und Empfindungen eines anderen Menschen hineinzuversetzen. Wir alle besitzen diese Fähigkeit, wenn auch in mehr oder minder gut entwickelter Form. Auch meine Großmutter konnte sich in andere einfühlen, doch in diesem Moment war sie von ihrem Wunsch, dass es zwischen mir und meiner Exfreundin wieder gut werden solle, völlig verblendet, so dass sie den wirklichen Grund für meine unglückliche Miene nicht erkennen konnte.

Wenn wir zu anderen Menschen freundlich sein wollen, dann müssen wir auch wissen, wie sie behandelt werden wollen, denn sonst tappen wir im Dunkeln. Es kann durchaus passieren, dass unser guter Wille auch mal negative Konsequenzen hat, nämlich dann, wenn es eine Diskrepanz gibt zwischen dem, wovon wir glauben, dass der andere es will, und dem, was er wirklich will. Einige Beispiele: Die Eltern, die wegen ihrer eigenen Ängste ihr Kind abends nicht mit seinen Freunden ausgehen lassen und sagen: »Das tun wir nur zu deinem eigenen Besten.« Die Mitarbeiter, die die plötzliche Zurückgezogenheit der Kollegin als den Wunsch interpretieren, allein zu sein, und nicht merken, dass sie unter Depressionen leidet. Der Mann, der nicht begreift, dass seine Partnerin Wut anstaut, weil sie das Gefühl hat, nicht wahrgenommen zu werden, und der dann von zu Hause auszieht, um dem ganzen Streit aus dem Weg zu gehen. Der Patient, der, um nicht wehleidig zu wirken, dem gutgläubigen Arzt sagt: »Doch, es geht mir gut« und deshalb nicht die richtige Behandlung erhält.

Es ist nicht leicht, sich in die Gedankenwelt eines anderen Menschen hineinzuversetzen, schließlich verstehen wir ja oft genug unsere eigene nicht. Häufig wissen wir nicht, wie wir selbst in einer neuen Lebenssituation reagieren werden. Das zeigt sich zum Beispiel an Verwandten von Patienten, die an Chorea Huntington leiden. Diese Krankheit gibt sich in der Regel zwischen dem dreißigsten und sechzigsten Lebensjahr zu erkennen, dann jedoch mit einem schweren Verlauf. Die Patienten entwickeln nach und nach körperliche und psychische Symptome. Derzeit gibt es keine Behandlungsmethode, die zur Heilung führt. Die Chorea Huntington ist erblich, und Kinder und Geschwister von Menschen, bei denen sie sich manifestiert, erkranken mit fünfzigprozentiger Wahrscheinlichkeit ebenfalls daran. Man hat viele Jahre versucht, einen genetischen Test für Verwandte auszuarbeiten, mit dem man frühzeitig feststellen kann, ob sich die Krankheit bei ihnen ebenfalls entwickeln wird. Bei einer Angehörigenbefragung antworteten neunzig Prozent, dass sie sich dem Test unterziehen würden, wenn es ihn gäbe. Vor einigen Jahren ist es nun gelungen, ein solches Nachweisverfahren zu entwickeln. Als man die Nachricht veröffentlichte, wollten sich nur noch fünfzig Prozent der Angehörigen testen lassen. Am Ende waren es nur zehn bis fünfzehn Prozent, die sich dem Test tatsächlich stellten.

Wir können nie wissen, wie wir in einer neuen Lebenssituation reagieren werden. Wir können es ahnen, doch oft täuschen wir uns. Und wenn ein Mensch nicht weiß, wie er sich selbst in einer bestimmten Situation verhalten wird, liegt es auf der Hand, dass es noch schwerer ist, einzuschätzen, wie andere Menschen agieren und reagieren werden.

Menschen nehmen Lebenssituationen unterschiedlich auf. Die Mitglieder einer Gesellschaft können verschiedene Bedürfnisse und Wünsche haben, und dann kommt noch dazu, dass Menschen aus verschiedenen Kulturen und Gesellschaften ein und dieselbe Situation auf unterschiedliche Weise erleben.

Vor ein paar Jahren hielten wir für eine Gruppe von Forschungsstudenten ein Seminar über Krebs ab. Auf dem Programm stand auch eine Patientendemonstration, das heißt, ein Gespräch zwischen einem Arzt und einem Erkrankten. In der Pause kamen zwei chinesische Ärzte auf uns zu und fragten erstaunt, ob es bei uns so üblich sei, dass man den Patienten erzähle, sie hätten Krebs. Als wir ihnen das bestätigten, zeigten sie sich empört und sagten: »Aber dann tötet ihr sie doch schon vorzeitig. Nach unserem Empfinden ist das unethisch!«

Wenn Ärzte in bestimmten Ländern dem Patienten, anstatt ihm zu sagen, dass er Krebs hat, erzählen, dass er an einer anderen und weniger gefährlichen Krankheit leidet, dann geschieht dies oft, um ihn nicht seiner Lebensfreude und seines Lebenswillens zu berauben, von denen man annimmt, dass sie einem Menschen verloren gehen, wenn er erfährt, dass er an einer schweren oder auch stigmatisierenden Krankheit leidet. Uns erscheint dieser Gedanke fremd.

Wir neigen zu der Auffassung, dass unsere Ethik die einzig richtige sei. Das trifft natürlich nicht zu. Wir müssen unsere Sinne dafür offenhalten, dass Ethik oft keine absoluten Wahrheiten beinhaltet. Wer sind wir, dass wir für uns in Anspruch nehmen könnten, immer recht zu haben, während alle anderen falschliegen?

Ende der achtziger Jahre begegnete ich im Krankenhaus einer Patientin, die einige Monate zuvor aus Rumänien geflüchtet war und jetzt auf eine Entscheidung über ihren Asylantrag wartete. Sie hatte ihre achtjährige Tochter zurückgelassen, hoffte aber, einige Jahre später im

Zuge der Familienzusammenführung in Schweden wieder mit ihr vereint sein zu können. Die Frau berichtete, sie leide an einer Entzündung im Brustkorb, die man in Rumänien mit Strahlentherapie und Zytostatika behandelt habe. Jetzt hatte sie in Schweden einen Arzt aufgesucht, weil die Symptome schlimmer geworden waren. Die schwedische Ambulanz hatte sie sogleich zu mir in die Radiologie geschickt. Als ich sie untersuchte, stellte sich heraus, dass die Diagnose eine ganz andere war als angenommen. Sie hatte Brustkrebs, der sich schon über den ganzen Brustkorb ausgebreitet hatte. Ich erkannte sofort, dass die Krankheit nicht geheilt werden konnte und dass sie daran sterben würde. Nachdem ich eine Weile über die Situation nachgedacht hatte, sagte ich ihr die Wahrheit. Die Frau war verzweifelt, doch schon am nächsten Tag saß sie in einem Flugzeug nach Rumänien, um zu ihrer Tochter zurückzukehren. Ehe sie abreiste, schrieb sie einen Brief, in dem sie sich dafür bedankte, dass ich ihr reinen Wein eingeschenkt hatte, und mir offenbarte, wie verzweifelt sie darüber war, dass man ihr zuvor nicht die richtige Diagnose mitgeteilt hatte. Wenn ihr das klar gewesen wäre, schrieb sie, hätte sie ihre Tochter niemals allein gelassen und Monate in einem fremden Land verloren.

Diese Beispiele beschreiben dasselbe Phänomen – Menschen erleben Situationen auf unterschiedliche Weise. Es gibt keine fertigen Rezepte dafür, wie wir handeln sollten. Vielmehr müssen wir die Herausforderung annehmen, die jede neue Begegnung bedeutet, und dabei unsere Fähigkeit zu empathischem Denken benutzen. Es ist nicht leicht, sich anderen Menschen gegenüber richtig zu verhalten, wenn wir ihre innere Welt nicht verstehen. Und wir sollten uns nicht einbilden, dass es leicht ist, das Innenleben eines anderen Menschen zu begreifen. Aber wenn wir unsere freundliche Seite entwickeln wollen, dann gibt es einen guten Weg dorthin, nämlich auf die Weiterentwicklung unserer Empathie zu achten, uns dafür zu entscheiden, dass sie uns wichtig ist.

Zu wenig nachgedacht

Ein Freund erzählte mir einmal, er liege jeden Abend ungefähr eine Stunde lang wach, ehe er einschlafen könne, doch mache ihm das nichts aus, denn auf diese Weise habe er Zeit zum Nachdenken. »Und worüber denkst du dann nach?«, fragte ich. »Ja, also, tagsüber denke ich viel an meine Arbeit, aber diese Zeit habe ich dafür reserviert, darüber nachzudenken, was ich meiner Familie Gutes tun kann.«

Nur allzu oft fassen wir Beschlüsse, die nicht wirklich gut sind, und zwar nicht, weil wir nicht gut sein wollen, sondern weil wir unbedacht handeln. Wir wenden schlicht nicht genug Zeit und Kraft dafür auf, eine Situation zu analysieren, um herauszufinden, wie wir bestmöglich handeln können. Anstatt uns unserer ethischen Werkzeuge zu bedienen, handeln wir, ohne nachzudenken. Vielen Entscheidungen müsste es nicht am Guten fehlen, hätten wir sie uns nur vorher ausreichend überlegt.

Die goldene Regel, die auch Grundlage vieler Religionen ist, lautet, andere so zu behandeln, wie wir selbst gern behandelt werden möchten. Auch wenn ich finde, dass diese Regel ihre Schwächen hat (am liebsten würde man andere ja so behandeln, wie *sie* behandelt werden wollen), so können wir doch vieles aus ihr lernen. Es würden viel mehr kluge Entscheidungen getroffen werden, wenn wir jedes Mal dächten: »Wie würde ich denn in derselben Situation behandelt werden wollen?«

Wir müssen uns dafür entscheiden, nachdenklicher zu werden, dann haben wir schon das Wichtigste geleistet, um mangelndes Nachdenken als Hemmnis auszuschalten. Und wir müssen lernen, die Situationen, in denen wir instinktiv reagieren können, von denen zu unterscheiden, die unser Nachdenken erfordern.

Mein Vater hat in mehreren Zeitungsinterviews gesagt, es gebe eine Sache, die er in seinem Leben bereue: dass er nicht mehr Zeit mit seinen Kindern verbracht habe, als sie klein waren. Doch dann fügte er stets hinzu, er würde es, wenn er sein Leben noch einmal leben könnte, wahrscheinlich wieder so machen. Ich habe, muss ich gestehen, diesen Ausspruch nie richtig verstanden, aber ich glaube, er meinte, dass die Einsicht, einen Fehler gemacht zu haben, seine Prioritäten nicht verändere. Er würde es trotzdem wieder genauso machen, aber diesmal hätte er darüber nachgedacht. Er würde die gleiche Entscheidung treffen, aber in einem anderen Bewusstsein.

Wenn wir beginnen, mehr Zeit für die ethische Analyse von alltäglichen Entscheidungen aufzuwenden, dann steigen nicht nur die Chancen, dass wir das konkrete Problem auf eine gute Weise werden lösen können, sondern wir investieren gleichzeitig auch in die Zukunft. Denn wir üben dadurch unsere Fähigkeit zu ethischem Denken – unsere ethische Intelligenz.

Bloß nicht einmischen!

Als meine Schwester und ich klein waren, hatten wir Kindermädchen – unsere Eltern arbeiteten Vollzeit und waren tagsüber nicht da. Eines dieser Kindermädchen misshandelte uns. Unsere Qual wurde schließlich durch eine Nachbarin beendet, die eines Tages unserer Mutter davon berichtete. Als diese fragte, seit wann das denn schon so gehe, antwortete die Nachbarin peinlich berührt, dass sie es schon länger wisse, sich aber nicht habe einmischen wollen. Es gehe sie ja nichts an. Sie hoffe, meine Mutter werde es ihr nicht übelnehmen, dass sie jetzt etwas gesagt habe.

Das Bewusstsein, wie verabscheuungswürdig es ist, Kinder zu misshandeln, ist heute weiter verbreitet als in meiner Kindheit. Doch dieses Beispiel veranschaulicht ein generelles gesellschaftliches Phänomen. Geht es uns etwas an, wenn es einem Arbeitskollegen schlecht geht? Sollen wir eine Bekannte anrufen, die einen nahen Angehörigen verloren hat, oder reden wir uns lieber ein, dass sie nicht gestört werden will? Sollen wir eingreifen, wenn wir auf der Straße sehen, wie Eltern ihr Kind schlagen? Nur allzu oft sagt man sich selbst, das gehe einen nichts an.

Viele meiner Krebspatienten berichten Ähnliches. Wenn sich die Nachricht über die Diagnose unter Freunden und

Bekannten ausbreitet, dann sind einige zur Stelle, um zu helfen und ihre Unterstützung anzubieten, während sich andere in Luft auflösen. Viele Kranke erzählen sogar von einer speziellen Variante dieses Verhaltens: Es gibt Leute, die versuchen, ihnen aus dem Weg zu gehen, wenn man sich zufällig trifft. »Ich habe gesehen, wie sie in die andere Richtung geschaut und so getan haben, als hätten sie mich nicht gesehen« – diesen Satz habe ich oft gehört.

Wenn man die Menschen fragt, warum sie sich so verhalten, antworten sie nicht selten, dass sie sich »nicht einmischen« oder »nicht neugierig wirken« wollten. Wahrscheinlich gibt es noch andere Gründe, die ihr Verhalten bestimmen, so zum Beispiel die Angst vor Krankheit und Tod oder die Unsicherheit, wie man sich benehmen soll, aber meistens wird mehr oder weniger bewusst die Entschuldigung benutzt, man wolle nicht stören oder die Privatsphäre verletzen.

Unsere Gesellschaft hat einen eingebauten Systemfehler. Jeder muss allein zurechtkommen. Man soll andere nicht belasten, und man soll sich nicht einmischen. Das ist natürlich ein fehlerhaftes Grundkonzept, denn wir leben in einer Gesellschaft, in der die Abhängigkeit von anderen enorm groß ist – viel größer als in früheren Zeiten, als kleinere Gruppen mehr oder weniger autark für sich sorgen konnten. Daher ist es am besten, wenn wir unsere Abhängigkeit von anderen akzeptieren und die Hilfe entgegennehmen, die wir brauchen, und Hilfe geben, wenn wir gebraucht werden.

Wenn Sie das nächste Mal überlegen, ob Sie sich einmischen wollen oder nicht, dann stellen Sie sich die folgende

Frage: Wenn es mich nichts angeht, wen geht es dann etwas an? Ist es nicht meine Aufgabe, hier als Mitmensch aktiv zu werden?

Wenn wir nicht nach unseren Idealen leben

Bei meinen Vorträgen arbeite ich oft mit Beispielen, zu denen die Zuhörer Stellung nehmen müssen. In einem der Beispiele beschreibe ich eine Situation, in der ein Arbeitskollege offensichtliche Alkoholprobleme hat. Dann frage ich: Würden Sie sich dafür entscheiden, ihm zu helfen, oder beschließen, nichts zu tun? Das funktioniert immer – mehr als fünfundneunzig Prozent der Befragten antworten, dass sie ihrem Kollegen helfen würden.

Das ist natürlich ein positives Ergebnis. Es gibt allerdings ein Problem, nämlich die Frage, ob die Realität genauso aussieht. Wenn man mit trockenen Alkoholikern spricht, dann berichten viele, dass im Grunde alle am Arbeitsplatz gewusst haben müssen, wie es um sie stand, aber niemand etwas unternommen hat.

Das ist ein Beispiel für den Unterschied zwischen unseren Normen – dem Ideal unseres Handelns – und unseren realen Handlungen. Manchmal tut sich zwischen den Vorstellungen, wie wir leben *wollen*, und der Art zu leben, zu der wir uns schließlich entscheiden, ein Abgrund auf.

Ein anderes Beispiel liefert ein mit Anwärtern auf das Pfarramt durchgeführter Versuch. Sie wurden gebeten, sich in ein nahes Versammlungsgebäude zu begeben, wo sie nach nur kurzer Vorbereitungszeit einen Vortrag zu halten hätten. Auf dem Weg dorthin kamen sie an einem Mann vorbei, der gekrümmt am Straßenrand saß und stöhnte (er war von den Versuchsleitern dort platziert worden). Die Mehrheit der zukünftigen Pfarrer entschied sich dafür, den offensichtlich Hilfebedürftigen zu ignorieren, während eine Minderheit ihm Hilfe anbot. Besonders interessant ist dabei das Thema des Vortrags, den zu halten die Versuchspersonen angewiesen worden waren. Er sollte von dem barmherzigen Samariter handeln, jenem Gleichnis von dem misshandelten Mann, an dem viele, darunter auch ein Priester, vorübergehen, ehe ihm schließlich ein Samariter zu Hilfe eilt.

Natürlich kann das Ergebnis des Versuchs seine Ursache auch in dem Hemmnis des Zeitmangels haben, denn die zukünftigen Pfarrer waren umso unwilliger zu helfen, je eiliger sie es hatten, zu dem Vortrag zu kommen. Doch gleichzeitig führt kein Weg daran vorbei, dass hier die Unfähigkeit zum Ausdruck kam, seine Ideale auch in die Tat umzusetzen.

Es gibt auch Beispiele für ein gegensätzliches Problem: Situationen, in denen eine aufgestellte Norm in der Realität nicht hält, was sie verspricht. Dann handeln wir in der Wirklichkeit besser als in Gedanken. In einer Untersuchung hat man Schweden gefragt, ob sie meinen, dass Menschen und Tiere gleichwertig seien, was fast fünfzig Prozent von ihnen mit ja beantworteten. Das Ergebnis scheint zu zeigen, dass viele von uns Tiere lieben und sich gern um sie kümmern.

Aber wie sieht es in der Wirklichkeit aus? Ich habe schon viele Sommerabende vor dem Haus verbracht, wo die Luft von Mücken nur so schwirrte, und gesehen, wie die meisten Menschen um mich herum ohne zu zögern zahlreiche Mücken totschlugen, deren einziges Ziel es doch nur gewesen war, ihren Hunger zu stillen. Und wie ist es, wenn ein Hundewelpe und ein kleines Kind ins Wasser fallen – würden dann fünfzig Prozent der Schweden sich dafür entscheiden, den Welpen zu retten? Sicher nicht.

Wir wollen im Einklang mit unseren Idealen leben. Deshalb ist es wichtig, sich die Diskrepanz bewusst zu machen, die manchmal zwischen unseren ethischen Normen und unserem tatsächlichen Handeln existiert, denn dann können wir etwas gegen diese Diskrepanz unternehmen. Wir wollen alle nach unseren Idealen leben, aber um das tun zu können, müssen wir mit wachem Bewusstsein durchs Leben gehen.

Unsere innere Aggressivität

Eines Tages im Dezember 1984 fuhr ein Mann namens Bernhard Goetz in New York mit der U-Bahn. Im Wagen befand sich eine Gruppe von vier Jugendlichen, die, wie sich hinterher herausstellte, alle schon wegen Gewalttaten auffällig geworden waren. Als einer der Jugendlichen, von den anderen angestiftet, auf Goetz zuging und mit drohender Gebärde fünf Dollar von ihm verlangte, zog dieser seine Pistole und erschoss alle vier. Auf einen der Jugendlichen schoss er noch ein zweites Mal, als dieser schon verletzt am Boden lag. Als ein Schaffner ihn ansprach, antwortete Goetz: »Ich weiß nicht, warum ich es gemacht habe. Sie haben versucht, mich zu berauben.« Danach flüchtete Goetz vom Tatort, stellte sich aber hinterher der Polizei. Goetz hatte viele konfliktreiche Beziehungen hinter sich und schleppte eine unbewältigte Frustration über die Fehlentwicklung der Gesellschaft mit sich herum, in der er lebte. Soweit man wusste, hatte er jedoch zuvor keine Gewalttaten begangen. Interessanterweise wurde er als Held gefeiert und vor Gericht freigesprochen.

In den siebziger Jahren führte Philip Zimbardo von der Universität Stanford einen Versuch durch, der wahrscheinlich nie wiederholt werden wird. Das Ziel war, Erklärungen für die extrem angeheizte Stimmung zu finden, die damals in den Gefängnissen des Landes herrschte. Zusammen mit seinen Mitarbeitern errichtete er ein »Gefängnis« im Keller der Universität und annoncierte daraufhin, dass er Versuchspersonen suche. Nach einigen Bewerbungsgesprächen wählte er einundzwanzig Personen aus, die als psychisch stabil eingestuft worden waren. Sie wurden dann in zwei Gruppen aufgeteilt und durften entweder »Wachen« sein, die für die Ordnung im Gefängnis zu sorgen hatten, oder »Gefangene«, die von den anderen bewacht werden sollten. Um das Geschehen so wirklichkeitsgetreu wie möglich zu gestalten, wurde die Polizei gebeten, eine fiktive Festnahme zu Hause mit Transport zum Gefängnis durchzuführen.

Schon in der ersten Nacht begannen die Übergriffe der Wachen auf die Gefangenen, und die Brutalität dieser

Übergriffe steigerte sich zusehends. Unter anderem wurden die Häftlinge ausgezogen, bekamen Handschellen angelegt, wurden mit Feuerlöschern besprüht und misshandelt. Nach sechs Tagen musste das Experiment, das eigentlich zwei Wochen hatte dauern sollen, abgebrochen werden, weil mehrere Gefangene zusammengebrochen waren.

Der Versuch beweist, dass gewöhnliche Menschen unter besonderen Umständen extrem aggressiv werden können und dass diese Aggression manchmal in Sadismus umschlagen kann. Das gilt nicht nur für »andere« – uns allen ist eine innere Aggressivität zu eigen. Meist haben wir sie unter Kontrolle, um in sozialen Zusammenhängen funktionieren zu können, aber manchmal können wir sie nicht länger unter Verschluss halten, und dann handeln wir aggressiv, oft auf eine Weise, die uns selbst erstaunt. So zu tun, als gäbe es diese Seite in uns nicht, hilft uns nicht weiter, denn das würde nur zu passiver Aggressivität führen. Es ist wichtig, dass wir diese Seite in uns akzeptieren, um zu lernen, sie unter Kontrolle zu halten. Sonst kann der aggressive Impuls uns daran hindern, das zu tun, was gut ist.

Vor einiger Zeit habe ich mit einem Freund gesprochen, dessen Mutter schwer erkrankt war. Sie rief ihn jeden Tag an und bat um Hilfe bei verschiedenen Dingen. Manchmal half er ihr, wenn auch widerwillig, aber ebenso oft verweigerte er seine Unterstützung. Als ich ihn fragte, warum er ihr nicht zur Seite stehe, verzog er das Gesicht und antwortete mit Abscheu in der Stimme: »Ich hätte sie viele Jahre lang gebraucht, aber sie hat sich nie um mich geschert. Meine Mutter hat ihre eigenen Bedürfnisse immer über meine gestellt. Und jetzt, da sie mich braucht, nimmt sie mich plötzlich wahr. Warum soll ich etwas für sie tun, wo sie doch niemals etwas für mich getan hat?« Er sah mich zornig an. Ich antwortete: »Vielleicht weil du auf keinen Fall so werden willst wie deine Mutter.«

Der Mensch hat von Natur aus eine aggressive Seite. Sie stellt einen immanenten evolutionären Vorteil dar und gehört zu den Gründen, warum wir uns als Art durchgesetzt haben. Aber diese Seite ist auch der Menschlichkeit, sowohl kollektiv als auch individuell, zum Verhängnis geworden. Die Funktion, die bewirkt hat, dass wir bedrohliche Tierarten bekämpfen, Nahrung erbeuten und eine gesunde Konkurrenz schaffen können, die die Entwicklung befördert, war gleichzeitig auch der schlimmste Fluch des Menschen. Abgesehen von Krieg, Intoleranz, Gewalt und Mord hat diese Eigenschaft es mit sich gebracht, dass wir Mitmenschen gegenüber, die wir nicht einmal persönlich kennen, Wut, Hass, Ärger, Abscheu und dergleichen empfinden können. Denken Sie nur einmal daran, wie einige Autofahrer andere im Berufsverkehr an einem Montagmorgen behandeln können.

Manchmal gehen wir nicht freundlich mit anderen Menschen um, weil wir ihnen gegenüber Aggressionen empfinden. Vielleicht fühlen wir uns von ihnen betrogen, mögen sie nicht, machen uns über sie lustig oder spüren, dass sie uns nicht mögen. Oft schieben wir das dann von uns und reden uns ein, es sei die Schuld der anderen, dass wir so empfinden. Doch die Wahrheit ist, dass wir davon Abstand nehmen, Gutes zu tun, weil wir unsere eigenen

Gefühle wie Wut, Ärger oder Enttäuschung nicht im Griff haben. Es liegt nicht in der Verantwortung anderer, dass wir uns dagegen entscheiden, Gutes zu tun.

Auf einen Menschen einzureden, er solle aufhören, wütend zu sein, führt selten zum gewünschten Ergebnis. Wut ist ein Gefühl, das wir nicht direkt steuern können. Hingegen können wir uns entschließen, sie nicht auszuleben.

Wie jeder, so habe auch ich mit meiner Aggressivität zu kämpfen. Man sagt, ich sei ein streitbares Kind gewesen, und in den frühen Schuljahren geriet ich nicht selten in Konflikte. Ich hatte ein aufbrausendes Temperament, und wenn ich gekränkt worden war, zahlte ich es mit gleicher Münze heim. Im Laufe der Jahre habe ich gelernt, diesen Impuls zu zügeln. Das Interessante ist, dass in dem Maße, in dem ich gelernt habe, mein hitziges Gemüt zu bremsen, die Aggression in sich weniger geworden ist.

Ich behaupte keineswegs, dass wir nie wütend werden dürfen. Leben wir zum Beispiel in einem Familienverbund zusammen, so ist es unvermeidlich, dass wir Wut und Frust manchmal rauslassen. Studien zu Paarbeziehungen haben ergeben, dass es im Prinzip drei Arten gibt, wie sich die Parteien in Konfliktsituationen verhalten können. Man kann Konfrontationen völlig vermeiden, man kann zuhören und sich in die Lage des anderen versetzen, oder man kann seine Wut im Streit ausagieren. Es zeigt sich, dass die dritte Gruppe nicht zwingend schlechtere Paarbeziehungen hat als die anderen. Ihre Ehen können in den Zeiten zwischen den Konflikten sehr liebevoll sein. Auch bei unseren nächsten Verwandten, den Affen, hat man beobachtet, dass auf Streitigkeiten innerhalb der Gruppe liebevolle Versöhnungsszenen folgen. Wichtig ist nicht, *dass* wir streiten, sondern *wie* wir es tun und ob wir die Fähigkeit besitzen, hinterher zu unserer guten Stimmung zurückfinden.

Aggression ist ein Teil der menschlichen Persönlichkeit, die wir nicht verleugnen können. Es ist unsere Aufgabe, unsere Aggressionen auf konstruktive Weise zu steuern und zu kanalisieren. Und uns bewusst zu sein, dass in den allermeisten Situationen ein unkontrollierter Ausbruch von Aggressivität nur uns selbst schadet.

Es ist unsere eigene Sache, zu entscheiden, ob wir zulassen, dass aggressive Gefühle zu einem Hindernis für unsere ethische Freundlichkeit werden. Wie sehr wir uns auch ungerecht behandelt fühlen – sei es von Eltern, Arbeitskollegen oder Verkehrsteilnehmern, wir sind es doch, die bestimmen, ob wir zum hilflosen Opfer unserer Gefühle werden oder selbständig in unserem Leben Entscheidungen treffen. Wir sind niemals schuldig, weil wir ein Gefühl haben, aber wir können schuldig werden, wenn wir ihm zu oft nachgeben.

Die Opfermentalität

»Die Lage ist schlimm, aber ich kann nichts dagegen tun. Ich bin machtlos.« Wie oft sehen wir uns selbst als hilflose Opfer. Wir sagen uns, dass es nichts gibt, was wir zur Verbesserung einer Situation beitragen könnten. Wie gern wir es auch täten, wir sehen doch keinen Weg zu helfen.

Auf dem Hauptbahnhof in Zürich steht eine alte Frau. Seit einem Jahrzehnt steht sie jeden Tag dort. Früher hat sie als Krankenschwester gearbeitet, jetzt ist sie pensioniert. Sie steht dort, auf ihren Rollstuhl und ihre Krücken gestützt, und betrachtet voller Mitleid die vorbeieilenden Reisenden. Was macht sie da? Ja, sie segnet die Passanten. Sie betrachtet sie liebevoll und gibt ihnen ihren Segen. Hilft sie damit jemandem? Da muss nun jeder für sich selbst entscheiden, was er davon hält, aber das Wichtigste ist doch, dass sie es versucht. Sie betrachtet sich selbst nicht als Opfer. Sie kämpft mit den Möglichkeiten, die ihr zu Gebote stehen, und auf eine Weise, an die sie glaubt. Wenn ich in eine Situation gerate, in der ich mich hilflos fühle, dann denke ich manchmal an diese alte Dame vom Zürcher Bahnhof. Sie versucht, Einsatz für ihre Mitmenschen zu zeigen, und sei es auch nur, indem sie ihnen ihren liebevollen Segen mitgibt. Wenn eine alte Frau, die kaum mehr ohne Krücke stehen kann, fast ihre ganze Zeit darauf verwendet, anderen zu helfen, dann gibt es keine Grenzen für das, was Sie und ich in dieser Hinsicht vollbringen könnten.

Es gibt zahllose Gründe, die man anführen kann, um zu erklären, warum man sich nicht in der Lage sieht zu helfen. »Ja klar sollte ich meine Tante häufiger im Krankenhaus besuchen, aber ich schaffe es einfach nicht.« – »Ich würde gern mehr Geld an Wohlfahrtsorganisationen spenden, aber man braucht doch schließlich einen Puffer für die Zukunft.« – »Ich würde gern eine sinnvolle und sozialere Tätigkeit annehmen, aber dann verliere ich die Sicherheit, die ein festes Einkommen mit sich bringt.« –

»Ich würde meinen Kollegen ja unterstützen, aber ich kann nicht noch mehr Verantwortung übernehmen.« – »Ich wünsche mir, dass es mehr Frieden auf unserer Welt gäbe, aber was kann ich schon dafür tun?«

In keinem dieser Fälle sind wir hilflose Opfer der Umstände. Wir können alle etwas tun. Für die, die uns nahestehen. Für unsere Bekannten. Für unsere Kollegen. Für alle, denen wir begegnen. Die Wahrheit ist, dass wir alle zu einer besseren Welt beitragen können.

Vor einigen Jahren stellte man an den Mautstationen auf amerikanischen Straßen ein interessantes Phänomen fest. Wenn Menschen an die Säule kamen, an der sie bezahlen mussten, entdeckten sie, dass der Fahrer vor ihnen bereits für sie bezahlt hatte. Dann bezahlten sie wiederum für das Auto, das nach ihnen kam, und so immer weiter. So hat sich eine kleine Bewegung gebildet, in der Menschen etwas für andere tun, ohne etwas zurückzuverlangen und ohne dass der Empfänger weiß, wer der Schenkende war.

Dies ist ein Beispiel dafür, wie man etwas für andere tun kann, das einen selbst nur wenig kostet. Das Phänomen an sich ist ein Anlass, sich zu freuen und Vertrauen und auch Nachdenklichkeit zu entwickeln.

Es gibt eine Situation, in der Patienten sich fast immer einen anderen Arzt suchen oder zu einer alternativmedizinischen Behandlung wechseln. Das geschieht, wenn ihr Arzt sagt: »Es gibt nichts mehr, was ich für Sie tun kann.« Eine solche Äußerung ist nicht nur psychologisch unklug, sondern zudem auch noch falsch. Denn es gibt immer etwas, das wir tun können. Wenn wir nicht mehr heilen können, dann können wir lindern. Und wenn wir nicht lindern können, dann können wir trösten. Und wenn wir nicht trösten können, dann sind wir immer noch da.

Offenbar handeln wir manchmal einfach nicht, weil wir uns selbst hilflos fühlen. Dann wird die Opfermentalität zu einem Hindernis, auch wenn die Wahrheit eine ganz andere ist – wir sind niemals hilflose Opfer. Es gibt immer etwas, das wir für unsere Mitmenschen tun können.

Das Jemand-anders-Syndrom

Das Jemand-anders-Syndrom ist ein Ausdruck dafür, dass man sich nicht verpflichtet fühlt, auf gute und richtige Art zu handeln. Man sagt zu sich selbst: »Das hier ist nicht mein Bier. Darum soll sich jemand anders kümmern.« Das Jemand-anders-Syndrom ist eine seltsame Variante der Passivität, denn dabei erwarten wir, dass ein anderer das tut, was wir selbst auch tun könnten. Ein Beispiel hierfür wäre folgendes Szenario: Ein älterer Mann mit etwas verwahrloster Kleidung liegt offensichtlich bewusstlos mitten in Stockholm eine halbe Stunde lang auf der Straße, während Hunderte von Menschen an ihm vorbeigehen. Wahrscheinlich denken sie alle dasselbe: »Das hier ist nicht mein Bier. Darum soll sich jemand anders kümmern.«

Im Jahr 1964 wurde Catherine Genovese in New York auf dem Nachhauseweg von einem Mann überfallen. Er jagte sie über einen Parkplatz, und als er sie zu fassen bekam, stieß er mehrmals mit einem Messer auf sie ein. Ihre Schreie wurden von verschiedenen Anwohnern gehört, und einer von ihnen rief dem Täter zu, er solle die Frau in Ruhe lassen. Da ließ er sie blutüberströmt auf der Straße liegen. Niemand kam, um der Frau zu helfen, und einige Minuten später kehrte der Mann zurück und stach erneut mit dem Messer auf sie ein. Wieder hörten die Anwohner ihre Schreie, doch niemand kam ihr zu Hilfe oder rief die Polizei, und wieder verschwand der Mann, fiel dann aber wenige Minuten später zum dritten Mal über die immer noch lebende Frau her, vergewaltigte sie und nahm neunundvierzig Dollar aus ihrer Brieftasche. Danach tötete er Catherine Genovese mit weiteren Messerstichen. Insgesamt wurde siebzehnmal auf sie eingestochen.

Bei der Rekonstruktion des Mordes stellte sich heraus, dass während des zweiunddreißig Minuten dauernden Angriffs achtunddreißig Personen die Hilferufe von Catherine Genovese gehört oder den Überfall beobachtet hatten. Niemand kam ihr zu Hilfe oder rief die Polizei. Manche schoben es darauf, dass sie nicht reingezogen werden wollten, andere gaben an, dass sie glaubten, es habe sicher schon jemand die Polizei angerufen. Manche sagten auch, sie hätten einfach Angst gehabt oder nicht helfen können. Man hat festgestellt, dass die Motivation zu helfen abnimmt, je mehr mögliche Helfer vor Ort sind. In einem Versuch mussten Probanden in kleinen Zimmern sitzen, von denen aus sie über ein Telefonsystem Kontakt zu anderen Menschen aufnehmen konnten, die in den angrenzenden Zimmern saßen. Ein Mann aus einem der Zimmer teilte zunächst mit, dass er manchmal unter Anfällen leide, sagte dann aber nach einer Weile, es gehe ihm schlecht und er brauche Hilfe. Es zeigte sich, dass die Versuchspersonen in fünfundachtzig Prozent der Fälle zu helfen versuchten, wenn sie glaubten, mit demjenigen, dem es schlecht ging, allein zu sein. Gab es noch eine zweite Versuchsperson, halfen sie nur in zweiundsechzig Prozent der Fälle, und wenn es vier weitere Versuchspersonen gab, dann halfen sie dem Not leidenden Mann in nur einunddreißig Prozent der Fälle.

In einem anderen Versuch sollte beobachtet werden, wie viele willens waren, einem Mann zu helfen, der in einem U-Bahn-Wagen zusammenbrach. Stützte sich der Mann auf einen Krückstock, wurde ihm in fünfundneunzig Prozent der Fälle sofort geholfen. Hatte er eine Flasche Schnaps in der Hand und roch nach Alkohol, dann half man ihm nur noch in fünfzig Prozent der Fälle, und dann in der Regel erst nach bedeutend längerer Zeit. Offenbar funktioniert das Prinzip der Gleichwertigkeit der Menschen nicht wirklich.

Das Jemand-anders-Syndrom ist ein gefährliches Hindernis, denn es bringt Menschen dazu, so zu handeln, als trügen sie weniger Verantwortung als alle anderen. Das ist aber nicht der Fall – wir haben alle die Verantwortung, mitmenschlich zu handeln und für unsere Nächsten da zu sein. Und wenn wir das nicht begreifen, dann kann es passieren, dass niemand die Verantwortung übernehmen will, die einen Menschen hätte retten können.

Wenn wir nur die Wahl zwischen falsch und falsch haben

Mein Vater hat mir von einem Ereignis während des Zweiten Weltkrieges erzählt. Weil seine Familie jüdisch war, hatte man sie alle in ein Arbeitslager deportiert. Es hat wahrscheinlich das Leben aller Familienmitglieder gerettet, dass mein Großvater Schneider war und dass die Deutschen ihn Kleider für sie nähen ließen. Eines Tages befand sich mein Vater in dem Zimmer, das als Schneiderwerkstatt diente. Großvater war dabei, einem deutschen Offizier, der noch einen Kameraden mitgebracht hatte, ein Paar Hosen anzuprobieren. Während Großvater vor dem Offizier kniete, fragte einer der beiden Deutschen: »Was sagen denn die Juden: Wie wird der Krieg für Deutschland ausgehen?« Mein Vater erstarrte vor Schreck, denn er wusste, dass Großvater nicht lügen würde. Sollte er etwa sagen, dass alle glaubten, die Deutschen würden den Krieg verlieren? Das konnte ihn sein Leben kosten.

Manchmal geraten wir in Situationen, in denen wir tun können, was wir wollen, es wird doch immer sowohl richtig als auch falsch sein. Alle möglichen Alternativen scheinen sowohl Vorteile als auch Nachteile zu haben. Die Situation, in der sich mein Großvater befand, ist ein Beispiel für ein derartiges ethisches Dilemma.

In Willam Styrons Roman »Sophies Entscheidung« wird die Protagonistin vor ein unlösbares Dilemma gestellt. Sie ist mit ihren zwei Kindern nach Auschwitz deportiert worden und muss vor einen SS-Arzt treten, der sie zwingt, zwischen ihren Kindern zu wählen – eines von ihnen soll sofort getötet werden, das andere darf zumindest eine Weile noch leben. Unter großen Qualen fasst Sophie ihren Entschluss, und das eine Kind wird weggebracht. Aber sie kann sich niemals mit der Entscheidung, zu der sie gezwungen worden ist, abfinden, und das führt am Ende zu ihrem Untergang.

»Unlösbare« ethische Dilemmata stellen sich natürlich nur selten so dramatisch dar wie in diesem Beispiel, doch sind sie viel alltäglicher, als man glauben mag. Bei meiner Arbeit als Stationsarzt passierte es oft, dass ich, wenn sich der Arbeitstag seinem Ende zuneigte, immer noch mehrere Patienten auf meiner Liste hatte, mit denen ich in aller Ruhe ein Gespräch führen musste. Wem sollte ich den Vorzug geben, ehe ich gezwungen war zu gehen?

Sollen wir zu Hause bei unseren Kindern bleiben und ihnen bei den Hausaufgaben helfen oder einen guten Freund besuchen, dem es schlecht geht? Sollen wir Geld an *Save the Children* spenden oder unserem Partner ein schönes Geburtstagsgeschenk kaufen? Sollen wir einer alten Frau helfen, aus dem Bus auszusteigen, oder lieber unseren eigenen Anschlussbus erreichen, der uns zu einer wichtigen Sitzung bringen wird? Die Frage kann auch auftauchen, wenn man gegen Normen und Regeln verstoßen soll. Sollen wir lügen, um einen Freund zu schützen?

Diese Situationen erzeugen in uns das Gefühl von negativem Stress. Es geht uns schlecht, weil wir, was wir auch tun, keine gute Lösung finden können. Zu viel negativer Stress kann wiederum zu seelischen und körperlichen Beschwerden führen.

Wie sollen wir uns verhalten, um in einer Situation gut zu sein, in der alle möglichen Alternativen, die uns zur Wahl stehen, weniger gut sind? Wie können wir uns in Situationen richtig verhalten, in denen alle Alternativen mehr oder weniger falsch erscheinen? Die Antwort darauf lautet, dass wir jede Situation für sich betrachten und dann unser Bestes geben müssen. Und es gibt noch eine Antwort: Manchmal existiert eine geheime Tür, die wir öffnen können. Kehren wir noch einmal zu meinem Großvater zurück, um zu sehen, wie er das Dilemma löste, in dem er sich befand. Er schwieg lange. Am Ende sagte der andere Offizier in scharfem Ton: »Haben Sie die Frage nicht gehört?« Da antwortete Großvater mit leiser Stimme: »Nicht nur die Juden, sondern die ganze Welt weiß, dass das Deutschland Goethes und Schillers niemals vernichtet werden kann.« Die Deutschen sahen einander erstaunt an und redeten dann von etwas anderem. Indem er auf den deutschen Kulturschatz hinwies, hatte Großvater sich aus der Situation gerettet, ohne zu lügen – und ohne erschossen zu werden. Klug, sehr klug.

Wie wir mit äußeren Hindernissen umgehen können

Äußere Hindernisse bremsen uns auf unterschiedliche Weise, wenn es darum geht, Gutes zu tun. Obwohl der Wille da ist, wird doch nicht immer etwas Gutes daraus. Wie können wir mit den Hemmnissen fertig werden? Auf dieselbe Weise wie mit allen Problemen – zu den Voraussetzungen dafür, dass wir damit umzugehen lernen und eine gute Lösung finden, gehört, dass wir begreifen, warum wir auf eine bestimmte Weise handeln. Uns muss zuerst bewusst sein, dass wir es mit einem Hindernis zu tun haben. Hat sich diese Erkenntnis eingestellt, wird das Problem leichter zu handhaben sein. Die Entscheidung wird auf einer bewussteren Ebene getroffen. Ein anderer wichtiger Faktor, der darüber entscheidet, ob wir äußere Hindernisse überwinden können, ist, dass wir das Problem auch wirklich lösen wollen. Wenn wir tief in uns den Drang verspüren, eine Veränderung herbeizuführen, öffnet das meist schon auf wundersame Weise alle möglichen Türen. Als Drittes kommt hinzu, dass wir uns manchmal von einer überholten Art zu denken befreien müssen. Hindernisse werden oft von einer destruktiven Art der Argumentation hervorgerufen, die wir unter Umständen seit unserer Kindheit mit uns herumtragen. Oft findet sich dann eine Lösung, indem man alte Denkmuster in Frage stellt und stattdessen neue Wege des Denkens geht.

LOHNT ES SICH, EIN FREUNDLICHER MENSCH ZU SEIN?

Ich habe bei Vorträgen nicht selten gehört, dass Menschen der Auffassung sind, die Welt sei schlecht. Ich selbst sehe das anders. Meiner Meinung nach ist die Welt grundsätzlich gut, aber es gibt eine allgemein verbreitete Fokussierung auf das Schlechte. Man muss nur die Nachrichten anschauen, um den verdrehten Eindruck zu bekommen, dass das meiste, was geschieht, schlecht ist. Auf der anderen Seite ist es auch nicht gerade eine spektakuläre Nachricht, dass

- Familie Petersen ihr drittes gesundes Kind bekommen hat.
- Frau Schneider, die während einer Wanderung im Wald stürzte und sich einen Oberschenkelhalsbruch zuzog, von einem Skifahrer gerettet wurde, der glücklicherweise eine Abendrunde drehte.
- Michael Klose nach intensiven Studien tatsächlich den Ausbildungsweg beschreiten konnte, den er sich gewünscht hatte.
- der Sohn von Herrn Timm den Bankkredit zurückgezahlt hat, der seinen Vater sonst gezwungen hätte, seine Wohnung aufzugeben und in ein Altersheim in einer anderen Stadt zu ziehen.

Der Fokus wird zumeist auf das gelegt, was in der Welt schlecht läuft, und deshalb ist es nicht erstaunlich, dass wir ein schiefes Bild von der Wirklichkeit bekommen. Wir können uns darüber aufregen, dass in der U-Bahn Menschen zusammengeschlagen werden. Wir können aber auch darüber erstaunt sein, dass in dem Gedränge, das zur Rushhour dort entsteht, die allermeisten Menschen gut miteinander auskommen und eben nicht anfangen zu streiten. Viele Tierarten würden es niemals fertigbringen, ohne ständige Aggressionsausbrüche so dicht beieinanderzuleben.

Ich meine, dass die allermeisten Menschen in den allermeisten Situationen einander wohl wollen. Wenn man einen Tag damit verbringt, die Menschen um sich herum zu beobachten, dann wird das deutlich. Sie sind freundlich zueinander, helfen einander, wenn sich ein Unglück ereignet, greifen ein, wenn etwas Unrechtes geschieht. Natürlich gibt es auch Beispiele für das Gegenteil. Jeder Mensch ist sowohl zu guten als auch zu schlechten Taten fähig. Aber die bösen und üblen Zielen dienenden Taten sind doch bedeutend seltener als die guten.

Es gibt auch die weit verbreitete Auffassung, dass gerade die rücksichtslosen und selbstbezogenen Menschen am erfolgreichsten Karriere machen. »Über Leichen zu gehen« ist nicht gerade eine positive Eigenschaft im Alltagsleben, doch wenn es an die Karriere geht, rückt diese Art zu handeln plötzlich in den Bereich möglicher Alternativen, die es zu erwägen gilt. Kämpft man mit harten Bandagen und zeigt dabei möglichst wenig Gewissen, läuft die Karriere wie geschmiert. In diesem Szenario wird der freundliche Mensch oft in einen scharfen Gegensatz zu dem rücksichtslosen Egoisten gestellt. Er ist ein Schwächling, der ständig reingelegt und von dem selbstbezogenen Überflieger abserviert wird. Seine sanft vorgebrachten, durch und durch naiven (aber guten) Ansichten darüber, wie man sich verhalten sollte, werden von der messerscharfen Argumentation des Rücksichtslosen verhackstückt. Der Freundliche endet als Verlierer, aber zum Glück reicht seine Intelligenz nicht aus, um das zu begreifen. Er leckt seine Wunden und macht dann mit seiner schwächlichen und dämlichen Nettheit weiter. Kein Wunder, dass Hollywoodproduzenten ein Vermögen mit Filmen gemacht haben, die von dem dummen, albernen und netten Menschen handeln, der am Ende entgegen aller Erwartung noch seine Revanche erhält.

Ist das ein korrektes Bild der Wirklichkeit? Wohl kaum. Ich kann nur wiederholen, dass auf lange Sicht die Fähigkeit, freundlich zu sein, siegt. Freundlichkeit ist eine Form von Intelligenz, die etwas einbringt, und alle, die sich ihrer nicht bedienen, werden auf so manches verzichten müssen.

Aber die Frage, warum man eigentlich ein freundlicher Mensch sein soll, ist damit noch nicht beantwortet. Können wir nicht genauso glücklich leben, wenn wir egoistisch, gemein und bösartig sind? Gibt es eine Statistik, die dafür spricht, dass wir weniger von Krebs, Unglücksfällen, chronischen Krankheiten oder Scheidungen heimgesucht werden, wenn wir fürsorgliche und gutherzige Menschen sind?

Leider gibt es noch keine derartige Statistik. Hier schließe ich stattdessen eine Reihe von Beobachtungen an, die die Behauptung unterstützen, dass wir viel gewinnen, wenn wir freundlich sind. Einige dieser Schlüsse gründen auf wissenschaftliche Studien, während andere meiner persönlichen Erfahrung entstammen.

Beobachtungen aus der Tierwelt

Der Mensch ist, wie viele andere Spezies auch, ein Herdentier. Das bedeutet, dass wir uns nicht nur um uns selbst kümmern, sondern auch für den Erhalt der Gruppe sorgen. Wohlergehen und Überleben des Individuums werden durch Wohlergehen und Überleben der Gruppe gesichert. Allein ist man nicht stark. Zu der Zeit, als wir noch Nomaden waren, erstreckte sich ursprünglich das Gefühl der Zusammengehörigkeit ausschließlich auf Mitglieder der Gruppe oder des Stammes. Je besser die vom Menschen entwickelten Kommunikationsmöglichkeiten und die sozialen Organisationsstrukturen geworden sind, desto weiter hat sich dieses Zusammengehörigkeitsgefühl ausgedehnt.

Wir können uns nun fragen, wie sehr die Bereitschaft, zum Wohl des Kollektivs beizutragen, davon beeinflusst worden ist, dass sich unser Gemeinschaftsgefühl von der Familie, dem Stamm oder dem Dorf auf bedeutend größere Bereiche wie Städte und Länder erweitert hat. Man hat in Untersuchungen zeigen können, dass sich die Motivation, für das gemeinsame Beste zu arbeiten, am stärksten in Gruppen manifestiert, die aus bis zu hundertfünfzig Menschen bestehen. So hat man unter anderem festgestellt, dass die Dörfer von Jäger- und Sammlergemeinschaften in der ganzen Welt oft rund hundertfünfzig Bewohner hatten. Ebenso umfassen militärische Einheiten gemeinhin etwa hundertfünfzig Personen. Die Anzahl darf auf keinen Fall zweihundert übersteigen, denn danach nimmt das Gefühl für die Gemeinschaft ab. Dies ist auch ein Grund dafür, dass gut funktionierende Einheiten, ob es nun Armeen, Betriebe oder Dörfer sind, in der Regel nicht aus mehr Menschen bestehen.

Wenn die Zahl hundertfünfzig überschritten wird, verringert sich also das Gemeinschaftsgefühl, und zwar zugunsten der Individualität. Und doch müssen wir nur ein Fußball-Länderspiel besuchen, um zu begreifen, dass dieses Zusammengehörigkeitsgefühl bedeutend mehr als hundertfünfzig Personen entwickeln können. Das Gefühl dazuzugehören, das wir dort erleben, reicht für den Beitrag eines jeden Einzelnen zu einer gut funktionierenden Gesellschaft vollkommen aus.

Es gibt mehrere Erklärungen dafür, warum Gesellschaften in der Regel eine gut funktionierende Ethik haben. Die Moral einer Gesellschaft ist unter anderem eine soziale Konstruktion, was bedeutet, dass sie auf Konventionen gründet. So gesehen hat der Mensch die Ethik geschaffen, um eine gut funktionierende Gesellschaft aufbauen zu können. Eine andere Möglichkeit ist, dass die Fähigkeit, sittlich zu handeln, angeboren ist, dass wir also mit der Anlage geboren werden, ein ethisches Verhalten zu entwickeln. Auch wenn die ethischen Prinzipien und Werkzeuge, die in einer Gruppe Anwendung finden, soziale Konstruktionen sein können, muss das nicht heißen, dass es an den genetischen Voraussetzungen fehlt.

Auch in dieser – wie in jeder anderen – Hinsicht ist der Mensch durch die Evolution geformt worden. Die Evolutionstheorie, die von Darwin und Wallace Mitte des 19. Jahrhunderts formuliert wurde, hat sich in den meisten Aspekten als richtig erwiesen. Die Artenentwicklung ist ein Prozess, in dessen Verlauf Mutationen entstehen mit dem Ergebnis, dass ein Nachkomme eine ganz andere Eigenschaft aufweist als die Individuen früherer Generationen. Führt diese Eigenschaft dazu, dass dieser Nachkomme bessere Überlebenschancen und Fortpflanzungsmöglichkeiten hat, ist dies ein evolutionärer Vorteil, und die Mutation wird durch weitere Fortpflanzung des Individuums in die Erbmasse der Art eingehen. Bewirkt die Mutation hingegen keine artspezifische Verbesserung der Eigenschaften – was meist der Fall ist – oder gar eine Verschlechterung der Überlebens- und Reproduktionsmöglichkeiten, dann wird sich diese Eigenschaft nicht in den nachfolgenden Generationen durchsetzen. Auf diese Weise werden neue Merkmale und Arten *selektiert*, und zwar durch einen Prozess, der seit mehreren Milliarden Jahren abläuft, von dem ersten einfachen Einzeller bis hin zu den Arten, die heute unsere Erde bevölkern.

Es steht außer Zweifel, dass Konkurrenz ein Hauptthema in der Evolutionslehre ist. Für die Individuen, die über die besten Voraussetzungen für Überleben und Fortpflanzung verfügen, bestehen die größten Chancen, ihre Erbanlagen an die folgenden Generationen weiterzugeben. Das »Survival of the Fittest« ist ein Prinzip der Evolution und bedeutet, dass derjenige, der am besten an die äußeren Gegebenheiten (die zwischen verschiedenen ökologischen Nischen variieren können) angepasst ist, die größten Überlebenschancen hat. In dieser Hinsicht ist die Konkurrenz in der Natur unerbittlich.

Dieses Grundprinzip, reduziert auf die Formel vom »Überleben des Stärkeren«, hat das Missverständnis entstehen lassen, dass die Evolution denjenigen Individuen einen Vorteil verleiht, die sich ausschließlich um ihre eigenen egoistischen Interessen bemühen. Doch »Survival of the Fittest« heißt nicht, wie oft übersetzt wird, »Überleben des Stärksten«, sondern eher »Überleben des am besten Angepassten«. Das bedeutet etwas völlig anderes, als dass das Individuum nur seine Konkurrenten aus dem Weg räumen muss, um dann seinen neu gewonnenen Sexualpartner zwecks Fortpflanzung seiner Gene abzuschleppen. Die Fähigkeit zu überleben ist noch an eine Reihe anderer Faktoren als nur an physische Stärke und Egoismus gebunden.

Die Voraussetzungen dafür, in der Gruppe zu funktionieren, ist ein Beispiel für die Eigenschaften, die sich im Selektionsprozess behauptet haben, weil sie bessere Reproduktionsmöglichkeiten mit sich bringen. Ohne gut funktionierende Gruppen und Gesellschaften würde der Mensch sich im Kampf ums Überleben selbst im Weg stehen. Menschenähnliche Wesen ohne die Fähigkeit zu empathischem, altruistischem und ethischem Denken haben keine Chance, lange zu überleben, weil sie sich entweder gegenseitig totschlagen würden oder weil sie sich nicht gemeinsam gegen die Gefahren der sie umgebenden Natur verteidigen könnten.

Wenden wir uns also den Tierarten zu, die gemeinsam mit uns die Erde bevölkern, um zu sehen, ob sie Eigenschaften aufweisen, die wir, wenn wir sie beim Menschen beobachten, als Freundlichkeit und ethisches Denken bezeichnen. Stoßen wir dabei auf Verhaltensmuster, die an unsere sittlichen Konventionen erinnern, dann spricht das sehr stark dafür, dass die ethische Fähigkeit angeboren und den Genen und der Physiologie des Menschen immanent ist. Und da die Natur ausschließlich Eigenschaften selektiert, die uns einen Überlebensvorteil verschaffen, könnte dies als ein Hinweis darauf gelten, dass ethisches Denken ein Weg zum Erfolg ist.

Wie steht es also mit den Tieren? Sind bei ihnen angeborene Verhaltenszüge beobachtet worden, die bewirken, dass sie sich um ihre Artgenossen kümmern? Gibt es Studien, aus denen eindeutig hervorgeht, dass sie die Fähigkeit besitzen, das Wohl anderer über ihr eigenes zu stellen? Tatsächlich sprechen unzählige Beobachtungen dafür, dass Tiere sich auf eine Weise verhalten können, die nicht dem Individuum, sondern der Gruppe dient.

Wenn zum Beispiel ein Vogel, der in einem Schwarm fliegt, einen Raubvogel sieht, stößt er sofort einen Warnschrei aus. Dadurch begibt er sich natürlich in besonders große Gefahr, denn er zieht damit die Aufmerksamkeit des Raubvogels auf sich, auf der anderen Seite hat aber so der restliche Schwarm die Chance, sich in Sicherheit zu bringen. Würde der Vogel sich nicht um das Wohl seines Schwarms kümmern, könnte er viel besser selbst in Deckung gehen, während der Raubvogel die anderen Vögel attackieren würde, die ihn dann nicht so frühzeitig bemerkt hätten.

Raben, die ein totes Tier finden, informieren ihre Artgenossen sofort durch einen lauten Schrei, so dass diese an der Beute teilhaben können. Obwohl das bedeutet, dass für den Entdecker der Nahrungsquelle weniger übrig bleibt, legen die Raben ein altruistisches Verhalten an den Tag.

Es ist eine weit verbreitete soziale Konvention unter Menschen, einander Geschenke zu machen. Teure und schöne Geschenke sind ein Ausdruck von Großzügigkeit und haben in der Regel positiven Einfluss auf unsere Umgebung. Unter anderem kommen sie gewöhnlich zum Einsatz, wenn es darum geht, einen möglichen Partner zu umgarnen.

Doch der Mensch ist in seiner materiellen Großzügigkeit nicht einzigartig. Viele Tierarten machen einander Geschenke, oft in Form von Nahrung. Dies gilt zum Beispiel für Libellen, zumindest während der Paarungszeit. Akzeptiert und schätzt das Weibchen das Geschenk, dann kommt es zur Begattung. Materielle Großzügigkeit kann sich also auch in der Tierwelt lohnen.

Der Gelbschnabeldrossling ist ein Schwarmvogel, der durch eine besondere Form altruistischen Verhaltens auffällt: Er schlägt sich mit seinen Artgenossen darum, helfen zu dürfen, zum Beispiel um das Recht, mit anderen seine Nahrung zu teilen. Diese Vögel geben sich nicht damit zufrieden, sozial zu sein, sondern kämpfen darum, welcher der großzügigste sein darf. Man kennt die entwicklungsgeschichtliche Ursache für dieses Verhalten nicht genau. Eine mögliche Erklärung ist – neben der Tatsache, dass die ganze Gruppe davon profitiert –, dass der Großzügige seiner Umgebung imponiert und damit seine Chancen erhöht, einen Partner zur Fortpflanzung zu finden. Und so trägt dieses altruistische Verhalten zur Erhaltung der Art bei.

Warum stellen Vögel das Wohl ihrer Artgenossen über das eigene? Höchstwahrscheinlich handelt es sich um ein instinktives Verhalten, das ererbt ist. Doch wie auch immer es sich erklären lässt – es erinnert an das ethische und altruistische Vermögen des Menschen.

Wie steht es dann mit den Tieren, die uns noch ähnlicher sind – den Säugern? Vampirfledermäuse zum Beispiel sind Raubtiere, die nicht mehr als zwei Tage ohne Nahrung auskommen können. Man hat herausgefunden, dass Vampirfledermäuse »Kameraden« haben, mit denen sie ihre Beute teilen, wenn der andere keine gemacht hat. Das tun sie auf eine Weise, die uns etwas eklig vorkommt. Sie würgen das Blut, das sie während der Nacht aus einem Tier gesaugt haben, hoch, und die andere Vampirfledermaus kann sich auf diese Weise die nötigen Kalorien verschaffen. Die zwei Fledermäuse in einem »Kameradenpaar« können sich so gegenseitig helfen.

Wale und Delfine haben ein gut entwickeltes Vermögen, sich um andere Mitglieder der Gruppe zu kümmern und sie zu schützen. Wenn ein Pottwal verletzt ist, schließen die anderen Wale einen Kreis um ihn, um ihn zu beschützen. Dieses Verhalten nutzen Walfänger aus, um mehrere Wale gleichzeitig zu erbeuten. Wie wir schon festgestellt haben, ist freundliches Verhalten ohne klare Einschätzung der Situation nicht immer von Vorteil für das Individuum.

Genauso bleibt eine Schule Wale oder Delfine bei einem verletzten oder kranken Mitglied, das gestrandet ist, auch wenn dies für die ganze Gruppe Lebensgefahr bedeuten kann. Man hat auch schon beobachtet, dass Delfine verletzte Artgenossen stützen und sie an der Wasseroberfläche halten, damit sie nicht ertrinken.

Tiere besitzen, ebenso wie der Mensch, die Fähigkeit zu lernen, was erlaubt und was verboten ist. Eine Ratte kann lernen, nur wenige Stücke Nahrung zu fressen, wenn der Versuchsleiter nach einer bestimmten Anzahl von Bissen die Hände über dem Kopf des Tiers zusammenschlägt. Verlässt er jedoch den Raum, stopft die Ratte sich voll. Wäre sie ein Mensch, würden wir sie wahrscheinlich scheinheilig nennen. Hunde zum Beispiel können lernen, was erlaubt und was verboten ist, indem sie dieses Wissen internalisieren, so dass es Teil ihrer »Persönlichkeit« wird, unabhängig davon, ob jemand sie beobachtet oder nicht.

Wir nähern uns auf dem evolutionsbiologischen Entwicklungsstrang dem Menschen, kommen vorher aber zu unseren nächsten Verwandten, den Menschenaffen. Ihre Gene gleichen den unsrigen tatsächlich bis zu 99 Prozent. So zeigen Affen auch im Hinblick auf Fürsorge, Großzügigkeit und Ethik eine Reihe von Verhaltensweisen, die an menschliche erinnern, etwa die Art und Weise, wie sie sich um alte, verletzte oder behinderte Artgenossen kümmern. Sie sorgen dafür, dass diese Tiere Nahrung erhalten, und begrenzen die Bewegungen der Gruppe so weit, dass auch der Schwächste mitkommen kann.

Eines von vielen Beispielen schilderten Forscher, die

beobachteten, wie ein Affe, der, wie sich später herausstellte, an einer Nierenkrankheit litt, von der Gruppe versorgt wurde. Der kranke Affe war einer der ersten, die Zugang zur Nahrung erhielten, und die ganze Gruppe ging dazu über, auf dem Boden zu schlafen, um bei dem kranken Affen zu sein, der nicht mehr klettern konnte. Als er gestorben war, schlief die Gruppe noch einige Tage weiter neben dem toten Tier.

Obwohl es die Möglichkeiten der anderen, sich zu bewegen und Nahrung zu sammeln, vergrößern würde, wenn die Tiere schlechter funktionierende Mitglieder des Kollektivs zurückließen, zeigen sie oft große Rücksichtnahme gegenüber den Schwachen. Auf welche Weise dient es nun dem Überleben der Art, dass sie darauf bedacht sind, Ältere in der Gruppe zu halten? Ein Grund dafür ist, dass sich alte Tiere in Dürreperioden als Vorteil erweisen können, da sie wissen, wo sich Wasserlöcher befinden, die einige Jahre lang nicht besucht wurden.

Ein anderes Beispiel für soziales Verantwortungsbewusstsein ist, dass Schimpansen zwischen Gruppenmitgliedern vermitteln können, die sich gestritten haben. Mehr noch: Unter den Tieren bricht offensichtliche Freude aus, wenn zwei Streithähne versöhnt werden konnten. Anscheinend stellt es nicht nur für den Menschen einen Überlebensvorteil dar, wenn in der Gruppe Einigkeit herrscht.

Es ist eine interessante Frage, ob dies nun ein Ausdruck von Einfühlungsvermögen ist, ob also die Affen die Fähigkeit besitzen, sich in die Situation des anderen hineinzuversetzen. Im Laufe von Studien über Affen, die dem

Menschen evolutionsbiologisch nahestehen, sind etliche Verhaltensweisen beobachtet worden, die auf ein empathisches Vermögen schließen lassen. Zum Beispiel säubern Schimpansen behutsam und sorgfältig Wunden bei Artgenossen, was darauf hindeutet, dass ihnen bewusst ist, wie schmerzhaft offene Wunden sind.

Es ist auch eine wohlbekannte Tatsache, dass Tiere Empfindungen auf eine Weise äußern können, die an den Ausdruck von Scham- und Schuldgefühlen erinnert. Hat ein Hund etwas Verbotenes getan, zum Beispiel einen Schuh zerbissen, zeigt er ein Verhalten, das wie die Karikatur eines sich schämenden Menschen anmutet. Ebenso können sich Affen, die ein Verbot übertreten haben, gegenüber anderen in der Gruppe »schämen«, auch wenn diese gar nicht wissen, was geschehen ist. Die Ähnlichkeit zum schlechten Gewissen des Menschen ist frappierend, auch wenn wir natürlich nicht wissen können, wie Tiere wirklich empfinden.

So gibt es also bei Tieren ein Verhalten, das an die menschlichen moralischen Eigenschaften erinnert, zum Beispiel in Form von sozialen Regeln, Schamgefühlen, Fürsorge für die Schwachen, Strafen bei Vergehen, Streitschlichtung – das heißt, bei Gefühlen und Aktivitäten, die für gute Beziehungen sorgen.

Es existieren unterschiedliche Hypothesen, warum sich Tiere, ebenso wie Menschen, altruistisch, großzügig und ethisch (in unserer Bedeutung des Wortes) verhalten. Welcher Nutzen erwächst daraus dem Individuum für seinen Überlebenskampf in der Natur? Ein möglicher Vorzug könnte sein, dass Großzügigkeit auf reiche Ressourcen des Individuums hinweist, was bei der Suche nach einem Partner, mit dem man sich fortpflanzen will, attraktiv sein kann. Beim Menschen ähnelt dies, bringt man es auf einen einfachen Nenner, der Phase des ersten Kennenlernens, in der Einladungen zum Abendessen ausgesprochen und kleine Geschenke überreicht werden (was hoffentlich später auch noch hin und wieder geschieht).

Einer anderen Hypothese zufolge spielt die »Familienselektion« eine wichtige Rolle. Sie besagt, dass das Individuum altruistisch auftritt, wenn dies das Überleben der eigenen Gene sichert. Ein simples rechnerisches Beispiel: Rettet man zwei seiner Kinder aus einer Gefahr, kommt dabei aber selbst ums Leben, hat man dennoch dafür gesorgt, dass 50 + 50 = 100 Prozent der eigenen Gene überleben. Man kann auch vier Nichten und Neffen oder Enkelkinder retten (4 × 25 Prozent), acht Cousins (8 × 12,5) oder ein Geschwister, ein Enkelkind und acht Großneffen (50 + 25 + 8 × 3,125 Prozent).

Vögel warnen andere in der Gruppe oder stellen ihnen Nahrung zur Verfügung, weil manche in dieser Gruppe zu ihrer Verwandtschaft gehören. Insekten, die in Gesellschaften leben, in denen fast alle miteinander verwandt sind, können Großtaten für das Kollektiv leisten. Vielleicht ist ja beim Menschen die »Vetternwirtschaft« eine Variante der Familienselektion.

Eine weitere Hypothese ist die vom »reziproken Altruismus«, dem zufolge Individuen großzügig und altruistisch sind, weil sie erwarten, dass andere sich genauso verhalten werden. »Geben und Nehmen« ist ein wohlbekanntes Verhaltensmuster bei uns Menschen, und auch bei Tieren kann man das beobachten. Unter anderem hat man in Studien festgestellt, dass Schimpansen lieber mit den Gruppenmitgliedern ihre Nahrung teilen, von denen sie zuvor auch schon einmal etwas bekommen haben, und dass dieses großzügige Verhalten nicht von der Verwandtschaft abhängig gemacht wird.

Sollen wir nun also das Verhalten der Tiere untereinander ethisch nennen? Das ist eine Frage der Definition. Ethik setzt ein gewisses Maß an Nachdenken voraus, und wir wissen nicht einmal bei unseren nächsten Verwandten, den Affen, sicher, ob sie dieses Vermögen in höherem Grade besitzen. Auf der anderen Seite weisen Affen ein Verhalten auf, das erstaunlich nahe an unserer Auffassung von Ethik, Gutsein und Fürsorglichkeit liegt. Und es erscheint doch weit hergeholt, anzunehmen, dass die Motive, die einen Affen beziehungsweise einen Menschen veranlassen, sich um ein verletztes oder krankes Gruppenmitglied zu kümmern, völlig verschiedener Natur seien. Es scheint sehr viel plausibler, dass die Fähigkeit zu Fürsorge und Altruismus ein Teil unseres Genoms ist, der im Verlauf der Evolution selektiert wurde. Dies wiederum führt zu dem Schluss, dass im Überlebenskampf der Natur Freundlichkeit und sittliches Verhalten einen Vorteil darstellen. Die Fürsorge für den Nächsten hat demnach mit großer Wahrscheinlichkeit zum evolutionären Erfolg des Menschen beigetragen.

Beobachtungen zur Spezies Mensch

Eine der Grundvoraussetzungen dafür, dass eine Gruppe funktionieren kann, ist ihr ethischer Überbau, der die Interaktion zwischen den Mitgliedern der Gruppe regelt. Wir brauchen eine Gesellschaft, die solidarisch und gerecht ist, wenn wir Hilfe benötigen, und die uns Fürsorge und Unterstützung gewährt, wenn wir uns entwickeln wollen. Und wir Menschen sind willens, dazu beizutragen, dass dies in die Tat umgesetzt werden kann.

Doch Gutsein ist nicht nur ein angelerntes Verhalten. Man hat unter diesem Gesichtspunkt Kinder im Alter von einem Jahr beobachtet, deren Familienmitglieder gebeten wurden, ihnen Gefühle von Trauer, Schmerz und Unbehagen vorzuspielen. Es zeigte sich, dass diese kleinen Kinder schon die Fähigkeit besaßen, sich in das Leiden eines anderen einzufühlen, und das Vermögen entwickelt hatten zu trösten, etwa durch Streicheln oder Umarmungen.

Eine erstaunliche Entdeckung ist auch, dass sogar Neugeborene die Anlage zur Empathie besitzen. Wenn sie andere Säuglinge weinen hören, beginnen nämlich auch sie zu weinen. Das tun sie nicht, weil sie von dem Weinen gestört werden, denn andere Geräusche haben nicht dieselbe Wirkung auf sie. Interessanterweise haben weibliche Säuglinge eine stärker ausgeprägte Fähigkeit, sich mit dem Leiden anderer zu identifizieren, als männliche. In Studien, die mit Erwachsenen durchgeführt wurden, hat man zeigen können, dass Frauen und Männer dieselbe Fähigkeit besitzen, Gefühle anderer zu verstehen, dass Frauen aber stärkere emotionale Betroffenheit zeigen.

Wie verankert ist der Anteil unseres Gutseins beziehungsweise unseres Schlechtseins in unseren Erbanlagen? Wie viel beruht auf Erziehung und anderen sogenannten Umweltfaktoren? Die Wissenschaft ist bei der Erforschung der Ursachen für diese Eigenschaften durch Zwillingsforschung ein gutes Stück weiter gekommen.

Zwillinge sind entweder eineiig und somit genetische Kopien voneinander, oder zweieiig, so dass sie die Hälfte der Erbanlagen miteinander teilen (was auch für gewöhnliche Geschwister gilt). Durch psychologische Tests mit Probanden beider Zwillingsvarianten hat man herausbekommen, dass Eigenschaften wie Altruismus, Fürsorglichkeit und Empathie etwa zur Hälfte durch unsere Gene bestimmt werden. Der Grad unserer Aggressivität beruht also zur Hälfte auf unseren Erbanlagen.

Wir werden offenbar mit einer mehr oder weniger ausgebildeten Anlage zum Gutsein geboren, doch auch die Umwelt hat Einfluss darauf, wie wir uns als Mensch entwickeln. Man kann auch sagen, dass weniger gute Eigenschaften wie zum Beispiel Aggressivität offenbar einen Überlebensvorteil darstellen, denn sie haben sich im Laufe der Evolution im Selektionsprozess behauptet.

Die Natur ist so raffiniert konstruiert, dass sie bestimmte Faktoren, die für unser Überleben erforderlich sind, an ein positives Erleben bindet. Aus diesem Grund wird sexuelle Aktivität als lustvoll, Fürsorge für andere als gutes Gefühl im Herzen und das Verzehren von Nahrung als Genuss empfunden. Wenn wir diese Dinge nicht als positiv erleben würden, dann könnten wir uns nicht fortpflanzen, uns nicht sonderlich gut um unsere Kinder kümmern und auch dem Essen nichts abgewinnen. Und die Konsequenz wäre natürlich, dass wir als Individuen und als Art aussterben würden.

Man hat in Untersuchungen zeigen können, dass die Zusammenarbeit zwischen Menschen dieselben physiologischen Effekte im Gehirn hervorrufen kann, die entstehen, wenn wir Genuss erzeugende Drogen nehmen. Somit ist es auch ein sinnliches Erlebnis, anderen zu helfen. Folglich arbeiten wir zum Teil auch deshalb zusammen und helfen anderen, weil es uns Lust verschafft.

Dies ist ein Beispiel dafür, wie der Mensch durch die Evolution Eigenschaften herausgebildet hat, die der Zusammenarbeit dienen. Wenn es uns nicht gut täte, dann würden wir nicht auf diese Weise kooperieren, wie wir es tun. Und da der Wille zur Zusammenarbeit eine Eigenschaft ist, die dem Überleben und der Fortpflanzung der menschlichen Art dient, hat die Evolution dafür gesorgt, dass diese Eigenschaften mit etwas verbunden werden, das sich gut anfühlt. Hier haben wir wieder einen egoistischen Anlass, gut zu sein. Gute Taten sind wie Drogen, nur ohne Nebenwirkungen.

Auf welche Weise gewinnen wir noch, wenn wir Gutes tun, außer dass es uns ein Lustgefühl verschafft? In einer Studie haben Menschen in einer Gruppe Geld an die anderen verteilen dürfen. Die Versuchspersonen wussten nicht, von wem sie Geld bekommen würden, sondern nur, wie viel die anderen Personen von ihrem Guthaben abgeben. Die Tendenz dabei war deutlich: Man wollte lieber mit jemandem teilen, der sich anderen gegenüber großzügig zeigte. Diejenigen, die am meisten gaben, bekamen somit auch am meisten zurück, wenn auch nicht notwendigerweise von demjenigen, dem sie selbst etwas gegeben hatten. Wir gewinnen, wenn wir uns großzügig zeigen, und zwar vor allem denen gegenüber, die ebenfalls »freigiebig« sind, während diejenigen, die »geizig« sind, verlieren. Und wenn wir unseren Mitmenschen gegenüber großzügig sind, dann führt das dazu, dass sich diese Menschen wiederum anderen gegenüber großzügig zeigen. So gibt es einen Dominoeffekt, der allen nützt.

Dass wir hilfsbereit und großzügig sind, wenn wir selbst so behandelt werden, wird noch von einem weiteren Versuch untermauert, bei dem Versuchspersonen aus öffentlichen Telefonzellen telefonierten. Man hatte in der Hälfte der Fälle in die Münzrückgabeschale eine Münze gelegt. Wenn die unfreiwilligen Versuchspersonen nun aus der Telefonzelle kamen – nachdem sie entweder eine Münze bekommen hatten oder nicht –, ging eine Schauspielerin vorbei, stolperte und ließ eine Menge Papier auf den Boden fallen. Es zeigte sich, dass diejenigen, die eine Münze in der Telefonzelle vorgefunden hatten, der Frau in neun von zehn Fällen halfen, während sich nur wenige derjenigen, die kein Geld bekommen hatten, hilfsbereit zeigten (vier Prozent der Versuchspersonen).

Man hat auch gezeigt, dass Studenten in einer Bibliothek einem anderen Studenten eher halfen, wenn sie vorher einen Keks bekommen hatten. Offenbar müssen uns nicht große materielle Gaben zuteil werden, damit wir unserer Umwelt gegenüber freundlich eingestellt sind.

Bei einem anderen interessanten Versuch hat man an ausgewählte Haushalte kostenlos Büromaterial abgegeben, während andere nichts bekamen. Danach rief man diese Leute an, behauptete, sich verwählt zu haben und keine Münzen mehr zu haben, und bat den Angerufenen, eine Autowerkstatt anzurufen, die das Auto des Anrufers abschleppen sollte. Diejenigen, die kostenloses Büromaterial erhalten hatten, waren eher bereit zu helfen. Und dann hat man noch etwas im Versuch nachweisen können, das man kaum ahnen kann: Restaurantgäste geben an sonnigen Tagen mehr Trinkgeld als an Regentagen.

Doch dass wir eher bereit sind, anderen zu helfen, wenn wir selbst gut behandelt wurden, trifft nicht nur auf das Geben zu. Man hat Versuche durchgeführt, in denen die Versuchspersonen einen Test mitmachen mussten und dann – völlig willkürlich und unabhängig von ihrem wirklichen Resultat – den Bescheid erhielten, dass sie gut oder schlecht abgeschnitten haben. Danach wurden sie auf zwei Arten getestet. In der ersten Variante verließen die Versuchsleiter den Raum, ließen aber eine Sammelbüchse für einen Hilfsfonds zurück. Es stellte sich heraus, dass diejenigen, die gehört hatten, sie seien gut gewesen, eher bereit waren, Geld zu spenden, als die anderen. In der zweiten Variante kam der Versuchsleiter mit einem Stapel Bücher zurück, den er auf den Fußboden fallen ließ. Diejenigen mit einer guten Beurteilung waren eher bereit zu helfen, die Bücher wieder aufzusammeln.

Diese Versuche zeigen, dass wir unsere Mitmenschen gut behandeln, wenn wir selbst gut behandelt werden. Es scheint nicht einmal eine größere Rolle zu spielen, ob der,

der uns gut behandelt, ein Mitmensch oder eine Maschine ist. Daraus können wir schließen: Je mehr Gutes wir unseren Mitmenschen tun, desto mehr Gutes werden wir auch durch andere erfahren. Und das Beste daran ist, dass sie nicht nur uns Gutes tun, sondern auch anderen Menschen. Und diese Menschen tun wiederum anderen Gutes, und so weiter. Auf diese Weise verbreiten sich unsere guten Taten wie Ringe auf dem Wasser. Wir sind keineswegs machtlos. Wir können sehr viel für unsere Mitmenschen tun und damit auch für uns selbst. Es ist wohl etwas Wahres dran, dass ein Mensch die ganze Welt beeinflussen kann.

Eine andere interessante Beobachtung ist: Großzügigkeit führt dazu, dass wir uns mehr anstrengen. Kleine Geschenke in Form von geringen Geldbeträgen oder Bonbons führen zu verbessertem Erinnerungs- und Lernvermögen, und sie steigern die Kreativität und die Fähigkeit, Probleme zu lösen. Man hat gezeigt, dass Ärzte, die kleine Geschenke, etwa Bonbons, bekommen und dann eine Diagnose bei einem fiktiven Patienten stellen müssen, dies schneller und besser tun als ein Arzt, der kein Geschenk bekommen hat. Die Ärzte, die ein Geschenk erhalten hatten, waren außerdem weniger schnell bereit, übereilte Schlüsse zu ziehen. Offenbar führt Großzügigkeit nicht nur dazu, dass wir hilfsbereiter werden, sondern sie bewirkt auch, dass wir viele Dinge besser einordnen können.

Außerdem ist der Mensch auch mit einem starken Gerechtigkeitsgefühl begabt. Wir sind sogar bereit, eigene Möglichkeiten zu opfern, um etwas zu verhindern, das wir als ungerechtes Verhalten bei anderen erleben. Das zeigt sich in einem Versuch, der »Ultimatumsspiel« genannt wird. Hier erhalten die Teilnehmer eine Summe Geld, sagen wir 100 Euro, und die Aufforderung, das Geld mit einem Mitspieler zu teilen. Das Problem ist, dass die Teilnehmer nur einmal einen Betrag vorschlagen können, und wenn dieser abgewiesen wird, bekommt keiner von beiden Geld. Es kommt also darauf an, so großzügig zu sein, dass der andere das Angebot höchstwahrscheinlich annehmen wird.

Mehr als zwei Drittel der Teilnehmer entscheiden sich, einen Betrag anzubieten, der ungefähr vierzig bis fünfzig Prozent der Summe umfasst, und dieses Angebot wird in der Regel auch akzeptiert. Doch manche Teilnehmer entscheiden sich, weniger anzubieten. Es zeigt sich dabei, dass die Menschen bereit sind, Angebote bis zu dreißig Prozent der Gesamtsumme zu akzeptieren. Die meisten Angebote unterhalb dieses Betrages werden zurückgewiesen, und dann bekommt niemand Geld.

Die Menschen haben offenbar ein angeborenes Gefühl dafür, was angemessen ist, und sind bereit, auf Geld zu verzichten, wenn dieses Bedürfnis nach Gerechtigkeit nicht erfüllt wird. Dass es hier wirklich darum geht, Ungerechtigkeit zu verhindern, zeigt sich, wenn man dasselbe Experiment mit einem Computer als Geldzuteiler durchführt. Dabei stellt sich heraus, dass Menschen von einem Computer auch die allerniedrigsten Angebote akzeptieren.

Es ist schon viel über die Bedeutung der Strafe in unserer Gesellschaft diskutiert worden. Wird sich die Zahl der

Verbrechen verringern, wenn wir die Täter bestrafen? Es gibt Studien, die zeigen, dass nicht nur Belohnung, sondern auch Strafe einen positiven Einfluss auf die Zusammenarbeit der Menschen haben kann. Ein Beispiel dafür ist das »Spiel um den gemeinsamen Pott«.

In diesem Spiel erhält jeder Teilnehmer einen Betrag von, sagen wir, 10 Euro. Nun haben alle die Möglichkeit, das Geld zu behalten oder – ohne zu wissen, wie die anderen drei Spieler sich verhalten – es in den gemeinsamen Topf zu tun, wo das Geld erst verdoppelt und dann zu gleichen Teilen zwischen den Spielern aufgeteilt wird. Wenn alle Spieler ihr gesamtes Geld in den Topf legen, erhält also jeder 20 Euro aus dem Topf. Doch wenn man als einziger sein Geld hineintut, bekommt man nur 2,50 Euro zurück – und verliert also 7,50 Euro –, während die übrigen Spieler jeder 12,50 Euro erhalten.

Es zeigt sich, dass die Spieler im Durchschnitt zwischen vierzig und sechzig Prozent des Betrages in den Topf legen. Doch wenn das Spiel mehrmals gespielt wird, verspüren die Spieler immer weniger Lust, Geld in den Topf zu tun – vor allem wenn sie merken, dass nicht alle ihren Beitrag leisten. Interessant daran ist: Wenn die Spieler die Möglichkeit haben, einen Mitspieler für seinen Geiz zu bestrafen, indem sie ihn zwingen, eine Summe in den gemeinschaftlichen Topf zu werfen, fangen alle nach und nach an, wieder mehr Geld einzuzahlen. Die Spieler sind bereit, andere für ihren Geiz zu bestrafen, auch wenn das bedeutet, dass sie selbst jedes Mal bezahlen müssen, wenn sie eine Strafe aussprechen. Mit einem Strafsystem legen am Ende drei Viertel der Spieler ihren ganzen Betrag in den Topf. Eine Spielausrichtung, die es offensichtlich macht, dass man verliert, wenn man sich egoistisch verhält, hat somit eine Situation erzeugt, von der alle profitieren.

Diese Versuche sprechen eine deutliche Sprache. Wir wollen zusammenarbeiten und einander Gutes tun. Dieses Phänomen entsteht nicht etwa aus den Kontakten mit unseren Mitmenschen; vielmehr bestätigen wissenschaftliche Studien, dass diese Eigenschaften in uns angelegt sind. Wir sind ethische Wesen, die sich gern großzügig verhalten, vor allem, wenn andere gut zu uns sind. Wir schätzen Gerechtigkeit und reagieren auf Ungerechtigkeit, auch wenn uns das etwas kostet. Wir Menschen tragen doch viel Gutes in uns, und das Beste daran ist, dass das Gutsein sich lohnt. Die Menschen verhalten sich demjenigen gegenüber gut, der sie auch gut behandelt, und sind gleichzeitig auch freundlich gegenüber anderen, die nicht unmittelbar beteiligt sind. So kann eine gute Tat einen Dominoeffekt erzielen.

Aus der Sicht der Religion

Wenn die Schweden in großen Erhebungen gefragt werden, ob sie an Gott glauben, dann antworten fast sechzig Prozent, sie glaubten, dass es Gott gebe. Etwas mehr als zehn Prozent antworten, dass sie nicht an Gott glauben, und der Rest ist sich mehr oder weniger unsicher. Offenbar gibt es viele, die entweder glauben oder offen für die Auffassung sind, dass die Religionen zumindest in einigen ihrer Aussagen Recht haben könnten. Weil die Religionen oft behaupten, dass Ethik wichtig sei und dass gute Taten ihre Belohnung erführen, während schlechte bestraft würden, möchte ich hier auch die religiösen Argumente darlegen, warum es uns nützt, ethisch zu handeln. Dennoch muss jeder für sich selbst entscheiden, ob er glaubt, dass die Ansichten der Religionen eine Verankerung in der Wirklichkeit haben oder nicht.

Es gibt schätzungsweise dreitausend Religionen auf der Welt. Viele von ihnen haben nur sehr wenige Anhänger, während andere Weltreligionen mit Millionen von Anhängern sind. Bei einem Vergleich zwischen den Religionen entdeckt man schnell, dass sie sich in gewissen Aspekten unterscheiden. So unterscheiden sie sich im Hinblick auf Gottesbild, Tradition, Ritus, die Auffassung vom Sinn des Lebens und die Beschreibungen, was jenseits des Todes mit uns geschieht.

Gleichzeitig gibt es Aspekte der Religionen, die einander erstaunlich ähnlich sind, auch wenn die jeweiligen Formen des Glaubens aus zeitlich voneinander weit entfernten Epochen und Kulturen stammen.

Ein Beispiel hierfür ist die Ethik. Fast alle Religionen stellen die Ethik in ihr Zentrum und bieten uns Normen, Regeln und Gesetze dafür, wie wir unser Leben leben sollen. Nach den Religionen gehört es zu den Hauptaufgaben des Menschen, das Gute zu wählen und dem Bösen zu entsagen.

Die ersten fünf Bücher der Bibel, die Bücher Mose, sind voll mit Gesetzen und Regeln, wie der Mensch seinen

Mitmenschen und seiner Umwelt begegnen soll. Im Judentum sind es die Bücher des Alten Testaments, der Talmud, die die Interpretation der Gesetze der Bibel und noch eine Reihe anderer Schriften enthalten. Im Judentum rückte man nach der Zerstörung des zweiten Tempels im Jahre 70 n. Chr. davon ab, den Bibeltext bezogen auf gewisse haarsträubende Gesetze und Strafen wortwörtlich auszulegen.

Für das Christentum sind die Schriften des Neuen Testaments besonders wichtig, die unter anderem die ethische Norm über die strikte Gesetzestreue erheben. Ein Hauptthema innerhalb des Christentums ist die Nächstenliebe, die bedeutet, dass wir unseren Mitmenschen nicht nur Gutes tun, sondern auch danach streben sollen, sie zu lieben.

Das wichtigste Gesetzbuch im Islam ist der Koran, der eine Sammlung der Offenbarungen des Propheten Mohammed enthält. Das islamische Gesetz, die Scharia, ist neben anderen Schriften auf die Sunna gegründet, die Anwendung der Lehre des Propheten Mohammed.

Eine östliche Religion, in der die Ethik eine wichtige Rolle spielt, ist der Konfuzianismus, der Ethik und Etikette vor allen anderen religiösen Aspekten betont. Konfuzius war der Ansicht, dass der Mensch von Natur aus gut sei, dass aber mangelndes Wissen zum Bösen führen könne. Die wichtigste Quelle des Konfuzianismus, was das ethische Verhalten angeht, sind die aufgezeichneten Gespräche des Konfuzius.

Sowohl Hinduismus als auch Buddhismus haben Ethik- und Gesetzbücher. Im Hinduismus gibt es zum Beispiel die Gesetzesbücher Dharmashastra. Der Buddhismus hat den Vinayapitaka, in dem beschrieben wird, wie Mönche und Nonnen leben sollten. Im Zentrum dieser beiden Religionen steht, wie wichtig es ist, in welcher Weise wir unseren Mitmenschen begegnen.

Der Taoismus legt keinen großen Wert auf bestimmte Gesetze und Regeln, sondern ist der Ansicht, dass die gute Tat unmittelbar aus der Wesensart des weisen und vollständig entwickelten Menschen hervorgeht. Der Mensch soll nach Weisheit streben: »Der Mensch, der Weisheit besitzt, sündigt nicht. Er hört auf, Schlechtes zu tun, und vernichtet durch seine Weisheit das Schlechte, das er in seinem früheren Leben getan hat.«

Ein Beispiel für die Ähnlichkeit der Weltreligonen ist, dass die Goldene Regel ein grundlegendes ethisches Prinzip ist. Alle Weltreligionen haben ihre Variante dieser Goldenen Regel. Hier ein paar Beispiele:

- Was du nicht willst, das die Menschen dir tun, das sollst du auch ihnen nicht tun (Judentum)
- Alles, was ihr wollt, dass es die Menschen für euch tun, das tut auch für sie (Christentum)
- Keiner von euch ist ein Glaubender, ehe er nicht für seinen Bruder das wünscht, was er für sich selbst wünscht (Islam)
- Tue nicht anderen an, was du nicht willst, dass sie es dir antun (Konfuzianismus)
- Betrachte den Gewinn deines Nächsten wie deinen eigenen Gewinn und den Verlust deines Nächsten wie deinen eigenen Verlust (Taoismus)

- Tue anderen keinen Schaden mit dem, was dir selbst Schaden zufügen würde (Buddhismus)
- Wenn man sich selbst in allen sieht und alle in sich selbst, dann kann man niemandem schaden, denn das würde bedeuten, sich selbst zu schaden (Hinduismus)

Viele Religionen, die in verschiedenen Kulturen entstanden sind, teilen den ethischen Grundgedanken: Die Art und Weise, in der wir selbst behandelt werden möchten, soll die Richtlinie dafür sein, wie wir andere behandeln.

Und das ist nicht die einzige ethische Gemeinsamkeit zwischen den Religionen. Die meisten Religionen lehren, dass es ein Belohnungs- und Bestrafungssystem gibt, das davon abhängt, wie wir unseren Mitmenschen und unserer Umwelt begegnen. Dieser Gedanke beinhaltet, dass gute Taten einen positiven Effekt haben, der über die Tat selbst hinausgeht. Im Umkehrschluss heißt das, dass auch die schlechten Taten negative Konsequenzen mit sich bringen, die über die direkten Folgen der Tat hinausgehen. Für gute Taten erhält der Mensch seine Belohnung – im Diesseits oder im Jenseits. Schlechte Taten werden bestraft – auf Erden oder im Jenseits. Viele Religionen behaupten, dass es ein »Naturgesetz« gebe, das die Konsequenzen unserer Handlungen regele.

Das Judentum ist eine gesetzorientierte Religion, die unterstreicht, wie wichtig es ist, Geboten, Vorschriften und Regeln zu folgen. Gleichzeitig wird betont, was es in einem größeren Zusammenhang bedeutet, gut zu sein. Im Talmud können wir lesen: »Liebevolle Güte ist größer als

Gesetze, und Großzügigkeit ist mehr wert als alle Zeremonien.«

Als im Jahre 70 n. Chr. der zweite Tempel in Jerusalem zerstört worden war, fragte man sich, warum dieses Unglück geschehen sei. Eine Antwort lautete, es läge nicht daran, dass die Menschen gesündigt hätten, sondern dass sie den Gesetzen zu strikt gefolgt seien. Damit wurde gezeigt, dass Regeln als Richtlinien fungieren sollen, dass sie dem Menschen aber nicht die Verantwortung dafür, Gutes zu tun, abnehmen dürfen. Das individuelle Gutsein wird höher bewertet als strikter Gehorsam Gesetzen, Riten und Traditionen gegenüber.

Das Judentum hält uns an, ein ethisches Leben zu führen, weil dies unsere Aufgabe auf Erden ist, aber auch, weil es uns selbst dient. Auch wenn in jüdischen Schriften dem Erstaunen darüber Ausdruck verliehen wird, dass das System nicht immer nur gerecht ist – wie unter anderem in den Worten des Predigers »In diesem flüchtigen Leben habe ich Gerechte untergehen sehen, trotz ihrer Gerechtigkeit, und Schlechte lange leben, trotz ihrer Schlechtigkeit« –, so ist es doch die Auffassung des Judentums, dass gute Taten belohnt und schlechte bestraft werden. Im Fünften Buch Mose steht: »Du sollst tun, was in seinen Augen richtig und gut ist. Dann wird es dir gut gehen«, und bei Hiob heißt es über den Blick Gottes auf die Taten der Menschen: »Er vergilt dem Menschen, wie er verdient hat, und trifft einen jeden nach seinem Tun.« Belohnung oder Strafe können danach in diesem Leben wie auch im Jenseits erfolgen. Ein Mensch, der ein schlechtes Leben geführt hat, kann das ewige Leben einbüßen, während den

Guten ein Leben nach dem Tod zuteil wird. Wie genau dieser Übergang ins Leben nach dem Tod vonstatten geht, darüber hat man sich im Judentum noch nicht einig werden können, aber man vertraut darauf, dass Gott das schon ordnen wird.

Hier geht es auch um die Wahl eines Lebensweges. Wenn wir anfangen zu sündigen, dann fahren wir damit auch gern fort, während wir, wenn wir gut und ethisch handeln und gute Taten, so genannte Mitzwot, vollbringen, dazu tendieren, auch diesen Weg weiterzugehen. Der Mensch kann zwischen Gut und Böse unterscheiden, und es ist unsere Aufgabe, die bösen Impulse zu beherrschen und danach zu streben, Gutes zu tun. Damit wird der Mensch ein »Gerechter«, und – wie es im Talmud steht – »Größer als die Engel sind die Gerechten«.

Getreu dem Judentum hat der Mensch die Möglichkeit, ein »Gottesreich auf Erden« zu schaffen, also ein paradiesisches Dasein im Rahmen seiner irdischen Existenz. Unter anderem braucht man zur Verwirklichung dieses paradiesischen Daseins genügend Menschen, die ein Leben in Freundlichkeit und Fürsorge für ihren Nächsten leben. So tun wir nicht nur anderen und uns selbst Gutes, sondern auch der ganzen Welt.

Im Christentum gibt es eine feste Verbindung zwischen dem rechten Glauben und der Erlösung. Eine Voraussetzung dafür, dass der Mensch das ewige Leben erfährt, ist der Glaube daran, dass Jesus der Messias ist (auf Griechisch Christus). Im Johannes-Evangelium werden Jesus die Worte zugeschrieben: »Ich bin die Auferstehung und das Leben. Wer an mich glaubt, wird leben, wenn er auch stirbt.«

Nach der christlichen Grundlehre gibt es mehrere Szenarien, die eintreffen können, wenn wir sterben. Wir können ins Himmelreich eingehen, was ein Dasein in Gottes Nähe bedeutet, aber wir können auch im Fegefeuer landen (diesen Glauben teilt der Protestantismus nicht) oder in der Hölle. Selbst wenn unser Aufenthaltsort im Wesentlichen durch unseren Glauben bestimmt wird, können auch unsere Taten darauf Einfluss haben. Ein Beispiel für diese Auffassung ist der Jakobusbrief, in dem es heißt: »Willst du also einsehen, du unvernünftiger Mensch, dass der Glaube ohne Werke nutzlos ist?«

Heutzutage sprechen die Vertreter des Christentums nur ungern von Fegefeuer und Hölle und legen die Begrifflichkeiten nicht wörtlich aus, sondern beziehen sie auf die verschiedenen Geisteszustände, die wir bis zu unserem Tod erreichen können. Fegefeuer und Hölle stehen für die Gewissensbisse und Qualen, die wir in Bezug auf unsere schlechten Taten nun empfinden.

Im Christentum kämpft das Gute, repräsentiert durch Gott, gegen das in der Regel durch den Teufel personifizierte Böse. Als Menschen müssen wir für das Gute oder für das Böse einstehen, und das Christentum ermahnt uns, das Gute zu wählen. Auf diese Weise können wir alle zu einer besseren Welt beitragen.

Jesus ist ein Vorbild, dem der Mensch in puncto Gutsein, Vergebung und Liebe nacheifern soll, und durch dieses Nacheifern trägt man zu einer besseren Welt bei. Somit sollen wir gute Taten um ihrer selbst willen tun und nicht auf Belohnungen schielen, aber es hat doch in jedem Fall positive Folgen für den Menschen, wenn er Gutes tut. Wie der Prediger und Schriftsteller William Penn sagte: »Wer Gutes um des Guten willen tut, der sucht weder Paradies noch Belohnung, kann sich beider aber am Ende gewiss sein.«

Nach dem Christentum ist die richtige Einstellung der Sinne ein wichtiger Aspekt des Daseins. Der christliche Mönch und Mystiker Meister Eckhart hat dies mit den folgenden Worten ausgedrückt: »Die Menschen sollten nicht so viel darüber nachdenken, was sie tun sollen. Sie sollten mehr darüber nachdenken, was sie sein sollen. Denn wenn die Menschen und ihre Art gut wären, so könnten ihre Handlungen klar leuchten. Wenn du gerecht bist, so sind auch deine Werke gerecht.«

Auch im Christentum kämpft man mit der Problematik, dass Unschuldige vom Leiden heimgesucht werden, und stellt sich die Frage, wie Gott zulassen kann, dass es Menschen befällt, die nichts Böses getan haben. Ein klassisches Beispiel ist der Dialog zwischen Iwan und Aljoscha in Dostojewskis Roman »Die Brüder Karamasow«. Iwan erzählt seinem Bruder, wie ein fünfjähriges Kind wieder und wieder von seinen Eltern misshandelt wird und Gott vergebens um Hilfe anfleht: »Nicht einmal eine ganze Welt des Wissens ist den Preis der Tränen eines solchen kleinen Kindes wert.«

Nach dem Islam hat Gott den Menschen mit einer bestimmten Natur – *fitrah* – geschaffen, damit wir Gott verehren. Dabei ist es wichtig, dass wir dieser Bestimmung folgen, indem wir unseren Mitmenschen Gutes tun. Der Mensch ist auch mit einem Ego bedacht worden – *nafs* –, das uns herunterzieht und uns verleitet, Böses zu tun. Schlechte Taten machen das Ego stark und das Herz schwach, gute Taten schwächen das Ego und stärken das Herz. Der Mensch soll danach streben, dem Ego nicht das Kommando zu überlassen, und darauf einwirken, dass die guten Kräfte gewinnen.

Der Mensch soll Gutes für die Armen und Leidenden tun, er soll großzügig sein und vom Bösen absehen. Der Koran betont, dass es nicht genügt, gottesfürchtig zu sein und die Regeln zu befolgen, sondern dass es um eine alltägliche Ethik geht: »Wehe den Betenden, die in ihren Gebeten nachlässig sind, die gesehen werden wollen, sich aber weigern, kleine Dienste zu leisten.«

Welche Vorteile bietet es dann, Gutes zu tun? Ein wichtiger Grund, ein ethisches Leben zu führen, ist, dass es unsere innerste Natur ist, gut zu sein. Wenn wir uns nicht entscheiden, so zu leben, dann verfehlen wir unser Dasein und leben wider unsere eigene Natur. Sind wir hingegen gut, bekommen wir ein erfülltes Leben, das heißt, wir leben im Licht. Im Koran können wir lesen: »Wer immer das Böse abweist und an Allah glaubt, der hat wahrlich eine Stütze, die nicht wankt, die niemals nachgibt, denn Allah ist der Alles-Hörende Allmächtige.«

Ein anderer Aspekt ist das Leben nach dem Tod. Nach dem Islam existiert die Seele schon, ehe der Mensch geboren ist, und vereinigt sich bei der Geburt mit ihrem vorbestimmten Körper. Beim Tod wird die Seele vom Körper getrennt und verbindet sich dann bei der Auferstehung am Jüngsten Tag wieder mit ihm. An diesem Tag muss der Mensch vor dem göttlichen Gericht für seine Taten einstehen. Er erhält dann sein Buch, in dem Engel die guten und die bösen Taten eingetragen haben, die er im Laufe seines Lebens begangen hat. Diese Taten werden auf eine Waage gelegt und gewogen. Wer gläubig war und Gutes getan hat, kommt ins Paradies, während diejenigen, die nicht im rechten Glauben gelebt und Böses getan haben, in die Hölle kommen. Da Gott barmherzig ist, werden viele von denen, die zuerst in die Hölle mussten, nach einiger Zeit ins Paradies kommen. Doch nicht allen wird diese Barmherzigkeit zuteil: Diejenigen, die überhaupt keinen Glauben an Gott hatten, sind hiervon ausgenommen.

Auf diese Weise unterstreicht der Islam, dass unsere Handlungen ewige Konsequenzen haben und dass ein gutes Leben dem Menschen sowohl im Diesseits als auch im Jenseits Vorteile bringt. Mit den Worten des Koran: »Wer Gutes tut, der tut das zu sich selbst. Wer Böses tut, der tut das zu sich selbst.«

Die monotheistischen Religionen lehren somit, dass auf unser Leben der Tod und auf den Tod ein Leben nach dem Tod folgt. Dieses ist zum Teil von den Taten während unseres Lebens bestimmt. Die östlichen Religionen wie der Hinduismus und der Buddhismus unterscheiden sich von den monotheistischen in der Auffassung, dass wir nicht nur ein einziges Leben haben, sondern viele. Wir werden geboren, leben ein Leben und sterben, und dann werden wir zu einem neuen Leben geboren, einem neuen Tod, einer neuen Wiedergeburt und so weiter. Wir können sowohl als Menschen als auch als Tiere wiedergeboren werden. Dieser Reinkarnationsglaube begreift das Dasein als Kreislauf.

Welche Faktoren beeinflussen die Art unserer Wiedergeburt? Ein wichtiger Faktor ist das Karma, die »Summe« all unserer Taten aus unserem vorangegangenen Leben. Je mehr gute Taten wir vollbracht haben, desto besser ist das Dasein, das uns in dem neuen Leben erwartet. Wenn wir hingegen viel Böses und nicht genug Gutes getan haben, dann werden wir als ein niedrigeres Wesen wiedergeboren werden, vielleicht sogar als Tier. Gute Taten werden somit auch in diesen Religionen belohnt, während schlechte bestraft werden.

Im Hinduismus heißt es, dass der Mensch eine Seele hat, die in dem neuen Körper wiedergeboren wird. Das Karma, das wir im Laufe des Lebens gesammelt haben, beeinflusst, wohin die Seele im neuen Leben kommt. Deshalb ist es wichtig, dass jeder Mensch danach strebt, Gutes zu tun, um in einer höheren Daseinsform wiedergeboren zu werden. Es herrscht ein ewiges Gesetz, Dharma, nach dem die guten und die bösen Taten rechtmäßig entlohnt werden. Wie in den monotheistischen Religionen gibt es auch im Hinduismus ein Ende der Zeiten. Da wird der Gott Vishnu sich offenbaren und die bestrafen, die Böses getan haben, und dann ein neues und glückliches Zeitalter einläuten.

Nach dem Buddhismus existiert eine moralische Weltordnung, die auf dem Gesetz von Ursache und Wirkung beruht. Wir können den Folgen unserer schlechten Taten nicht entgehen – wenn sie uns nicht in diesem Leben ereilen, dann verfolgen sie uns im nächsten. Der Buddhismus spricht nicht von einer Seele, doch unser Karma folgt uns aus unseren früheren Leben, und somit haben auch die Konsequenzen unserer Taten direkten Einfluss auf unsere Wiedergeburt. Der Mensch soll, nicht zuletzt, weil es ihm selbst dann besser ergeht, danach streben, Gutes zu tun und Böses zu vermeiden. Mit Buddhas Worten: »Weder Feuer noch Wind, weder Geburt noch Tod können unsere guten Taten zunichte machen.«

Die einzige Methode, wie wir den ewigen Kreislauf durchbrechen können, ist, ausschließlich gutes Karma anzusammeln. Dann können wir in ein höheres, unbeschreibliches Dasein eintreten, das im Hinduismus Moksha, im Buddhismus Nirvana genannt wird.

Auch im Konfuzianismus heißt es, dass es dem Menschen nützt, wenn er anderen Gutes tut. Konfuzius hat nicht über ein Leben nach dem Tod spekuliert, aber er behauptete dennoch mit Bestimmtheit, dass gute Taten auch positive Konsequenzen haben: »Wer sich um das Wohlergehen anderer bemüht, hat schon sein eigenes bestellt.«

Nach dem Taoismus ist ein ethisches Verhalten die natürliche Lebensform. Gerecht zu leben bedeutet, im Einklang mit den Gesetzen der Natur zu leben. Böse Taten haben ihre Ursache in Unwissenheit und stören die Harmonie des Weltalls. Das hat sowohl für das Individuum als auch für die Gesellschaft negative Konsequenzen: »Der Lohn der Guten und der Bösen folgt wie der Schatten den festen Körpern.«

Es ist schwer, über religiöse Ethik zu schreiben, ohne die Frage zu stellen, ob die Religionen in ethischer Hinsicht immer Vorbild sind. Die Antwort lautet natürlich nein. Die Religion ist zu allen Zeiten von gewissenlosen Menschen benutzt worden, um unethische Handlungen zu rechtfertigen. Wenn wir das Alte Testament lesen, dann sehen wir, dass das schon vor Tausenden von Jahren geschehen ist, und auch heute noch begehen die Menschen im Namen der Religion schreckliche Gräueltaten. Religiöser Fundamentalismus ist eine der größten Gefahren für die Welt.

Die Religionen haben eine dunkle Seite, doch das heißt ja nicht, dass ihnen die helle Seite fehlt. In vieler Hinsicht sind die Religionen Träger des ethischen Denkens, das eine Gesellschaft benötigt, um zu funktionieren. Das heißt nicht, dass die Religionen eine Voraussetzung für ethisches Denken sind, wohl aber, dass sie von großem Nutzen waren und sind, um ethische Strukturen aufrechtzuerhalten. Es ist uns nicht immer bewusst, dass die Ethik des Westens, deren Normen wir in der Regel als selbstverständlich ansehen, in vieler Hinsicht auf der jüdisch-christlichen Tradition beruht.

In vielen Religionen ist man sich darüber einig, dass die Ethik im Leben des Menschen einen zentralen Platz einnimmt. Gute Taten werden belohnt, während schlechte bestraft werden – entweder in diesem Leben oder im Leben nach dem Tod. Unabhängig von der Religion wird diese Aussicht als Anreiz dafür angeführt, warum wir unseren Mitmenschen und unserer Umwelt gegenüber freundlich und fürsorglich sein sollen.

Welche Rolle spielt also nun die Religion? Müssen wir uns darum kümmern, was »irgendwelche alten Religionen« in puncto Ethik behaupten? Ist die Ethik, wie manche behaupten, ein zentrales Thema der Religionen, damit die Menschen Ordnung halten und in unserer Gesellschaft Anstand herrscht? Oder ist es vielmehr so, dass es ein Naturgesetz gibt, dem zufolge wir davon profitieren, gut zu sein, während uns Nachteile entstehen, wenn wir unsere schlechten Seiten zeigen?

Ich habe keine Antwort auf diese Frage. Ich bin selbst Agnostiker, das heißt, ich glaube, dass es keine sicheren Beweise für die Existenz einer göttlichen Kraft und Weltordnung gibt, doch ebenso auch keinen Beweis für das Gegenteil. Ich denke aber auch, dass die Hypothese der Religionen, ein Naturgesetz sorge dafür, dass unsere Taten Konsequenzen für uns selbst haben, berechtigt ist und ernst genommen werden sollte. Und mit dieser Auffassung stehe ich offenbar nicht allein. In einer Untersuchung zur Einstellung der Schweden in dieser Frage zeigte sich: Sechzig Prozent der Befragten glauben, dass wir früher oder später für unsere Taten zur Rechenschaft gezogen werden.

Ich finde nicht, dass wir die religiösen Denkansätze unberücksichtigt lassen sollten. Auch wenn die Religionen vielleicht in manch falsche Richtung weisen, so sind ihre Erklärungen, warum wir Gutes tun und Böses unterlassen sollen, doch eine Auseinandersetzung wert. Wenn sie am Ende recht haben sollten, dann wird es nicht sehr lustig für all diejenigen, die keine freundlichen Menschen waren. Die Ewigkeit ist ja um einiges länger als die achtzig Jahre, die der durchschnittliche Schwede zu leben hat. Vielleicht wollen wir dieses Risiko eingehen, vielleicht auch nicht. Ganz gleich, wofür wir uns entscheiden, die Perspektive der Religionen ist in der Frage von gut oder böse ein weiteres Argument für freundliches, kooperatives Verhalten. Sie gibt sicher keinen Anlass dazu, das Gegenteil zu tun.

Weitere Beobachtungen

Wie wir bereits gesehen haben, zeigen wissenschaftliche Studien, dass der Mensch eine ererbte ethische Fähigkeit besitzt, die uns einen Überlebensvorteil verschafft. Dazu kommt die Ansicht der Religionen, dass wir Vorteile im Leben nach dem Tod haben, wenn wir uns ethisch verhalten. Doch es gibt auch anekdotische Beobachtungen und logische Schlussfolgerungen, die dafür sprechen, dass es uns nützt, freundlich zu sein. Diese Argumente habe ich in dem folgenden Abschnitt zusammengefasst.

Einer weit verbreiteten Ansicht zufolge bedeutet Freundlichkeit, immer an andere und niemals an sich selbst zu denken und das Wohl anderer über sein eigenes zu stellen. Solche Menschen gibt es, doch sie sind selten. Die allermeisten freundlichen Menschen (und auch ihre Taten) werden von größtenteils egoistischen Motiven angetrieben.

Welche egoistischen Motive kann es geben, um Gutes zu tun und Schlechtes zu vermeiden? Hier eine Auflistung in Stichworten:

- Anerkennung ernten
- Konflikte vermeiden
- Spüren, dass man ein guter Mensch ist (oft herrscht bei denen, die von diesem Motiv getrieben werden, die innere Vorstellung vor, schlecht zu sein, was ihnen in der Regel in früher Kindheit suggeriert worden ist)
- Beliebt sein
- Die Option, gut mit anderen zusammenzuarbeiten
- Befreiung vom schlechten Gewissen
- Gelobt werden
- Negative Beurteilungen durch die Umwelt vermeiden
- Freunde gewinnen
- Strafe vermeiden
- Die Unfähigkeit, es zu ertragen, wenn andere Menschen leiden
- Das Gefühl haben, gebraucht zu werden
- Fürsorge für unsere Angehörigen leisten, die in gewisser Weise ja ein Teil von uns selbst sind
- Vermeiden, dass »die Sünde sich selbst bestraft«
- Voraussetzungen für eine gute Beziehung zu einer höheren Macht schaffen
- Ein besseres Leben nach dem Tod erstreben.

Diese Motive können in vier Gruppen unterteilt werden:

- diejenigen, die unser eigenes Selbstbild betreffen
- diejenigen, die die Beziehung zu unseren Angehörigen berühren
- diejenigen, die unserer Beziehung zur Gesellschaft dienen

- diejenigen, die der Beziehung zu einer höheren Macht gelten.

Wir sind soziale Wesen und haben deshalb das Bedürfnis, in einem Zusammenhang zu funktionieren, in dem unser Selbstbild und das unserer Umwelt positiv ist. Warum rettet der Feuerwehrmann das Leben anderer und gefährdet dabei sein eigenes? Warum versorgt die Krankenschwester ihre Patienten mit solcher Hingabe? Warum schreibt der idealistische Schriftsteller Artikel, die darauf ausgerichtet sind, die Welt zu verbessern? Warum kümmern sich Menschen um Freunde, die traurig sind? Warum will der Politiker Wohlfahrtsreformen durchführen?

Vielleicht werden sie alle von dem Wunsch getrieben, ihre Ideen zu verwirklichen? Vielleicht wollen sie Geld verdienen, suchen Aufmerksamkeit oder sind neugierig? Vielleicht suchen sie das Gefühl, gebraucht zu werden? Oder sie streben nach Macht? Die Gründe sind eigentlich nicht von Interesse, solange sie uns allen dienen.

Es ist wahr – manchmal tun wir Dinge, die ganz frei von egoistischen Motiven sind und die nur auf die Bedürfnisse der anderen abzielen. Ich kann nur nicht erkennen, warum diese Taten »besser« sein sollen als die, denen eine egoistische Motivation zugrunde liegt. In meinen Augen wirkt sich die Tatsache, dass gute Taten oft egoistischen Überlegungen entspringen, nicht negativ auf ihren Wert aus.

»Aber, halt mal«, geben manche zu bedenken, »was soll denn das für eine Form von Freundlichkeit sein, die darauf aufbaut, dass man an sich selbst denkt? Das ist doch reiner

Egoismus!« Diese Ansicht beruht auf dem üblichen Missverständnis, dass Gutsein und Egoismus grundsätzlich Gegensätze sein müssen. Aber so ist es nicht. Wir haben alles Recht der Welt, aus egoistischen Motiven heraus gut zu sein.

Der Dalai Lama hat über den egoistischen Menschen gesagt: »Einfältige egoistische Menschen denken immer an sich selbst, und das Ergebnis ist negativ. Kluge egoistische Menschen denken an andere und helfen anderen, so viel sie können, und das Ergebnis ist, dass sie selbst Vorteile davon haben.«

Damit meint der Dalai Lama, dass wir uns sehr wohl dafür entscheiden können, aus egoistischen Motiven nett zu sein. Wir müssen nicht für jemand anderen gerecht sein, sondern nur für uns selbst. Es ist nur zu menschlich, aus egoistischen Gründen gut zu sein. Und der Satz des Dalai Lama unterstützt auch den zentralen Gedanken in diesem Kapitel, der besagt, dass wir etwas zurückerhalten, wenn wir gut sind. Güte und Freundlichkeit werden belohnt, während das Gegenteil bestraft wird.

Der Dalai Lama betont mit diesen Worten, dass das Motiv hinter der Tat nicht das Wichtigste ist, sondern die Tat selbst. Wie wir schon gesagt haben: Nicht der Gedanke zählt, sondern das, was wir tun.

Wie verhält es sich mit der Belohnung der guten Taten in der Gesellschaft? Gibt es Studien, die zeigen, dass »gute« Kulturen mit weit verbreiteter Meinungsfreiheit, Rechtssicherheit, persönlicher Autonomie und demokratischen Rechten besser funktionieren als andere Kulturen?

Freedom House ist eine politisch unabhängige Organisation, die jedes Jahr alle Länder nach dem Grad der politischen Grundrechte und Freiheiten einordnet. In dieser Studie werden die Länder dann in freie, teilweise freie und unfreie eingeteilt. Am Ende des Jahres 2003 wurden 88 Länder als frei (46 Prozent), 55 Länder als teilweise frei (29 Prozent) und 49 als unfrei (25 Prozent) kategorisiert. Von der Weltbevölkerung lebten 44 Prozent in freien Ländern, 21 Prozent in teilweise freien Ländern und 35 Prozent in nicht freien Ländern.

Die Beurteilung, die *Freedom House* trifft, wird in Studien verwendet, in denen man diese Informationen unter anderem in Relation zu wirtschaftlichen und sozialen Daten setzt. Es zeigt sich, dass Niedriglohnländer mit einem Bruttonationaleinkommen (BNE), das niedriger liegt als 1500 Dollar pro Person und Jahr, nur zu 16 Prozent aus freien Ländern bestehen, während die restlichen 84 Prozent teilweise freie oder unfreie Länder sind. Die Staaten mit hohem Einkommen (BNE pro Person und Jahr höher als 6000 Dollar) bestehen zu 80 Prozent aus freien Ländern, während sich die übrigen 20 Prozent aus den teilweise freien oder nicht freien Ländern zusammensetzen. Andere Studien weisen darauf hin, dass Demokratien mit Freiheit und Rechtssicherheit diejenigen Länder sind, die die beste wirtschaftliche Entwicklung, Lebenserwartung, Gleichberechtigung und Lesefähigkeit in der Bevölkerung aufweisen.

Es gibt andere Unterschiede, die bei einem Vergleich zwischen Demokratien und Diktaturen offenbar werden. So hat man zum Beispiel die sechzig Hungerkatastrophen untersucht, die im Laufe des 19. Jahrhunderts die Welt heimgesucht und mindestens 86 Millionen Menschen das Leben gekostet haben. Von diesen Hungerkatastrophen trat keine einzige in einem Land mit Demokratie und Freiheit ein.

Eine weitere interessante Beobachtung hat der amerikanische Politologe Jack S. Levy auf der Basis von Untersuchungen über die Nationalkriege in der Zeit von 1816 bis 1991 gemacht. In diesen 175 Jahren kam es zu rund siebzig Kriegen, von denen manche bedeutend mehr als zwei Länder betrafen. Nach den üblichen Definitionen von Demokratie und Krieg geschah es in diesen 175 Jahren ein einziges Mal, dass zwei Demokratien in einen Krieg gegeneinander verwickelt waren. Zwei Grenzfälle gibt es: die Kriegserklärung Großbritanniens an Finnland während des Zweiten Weltkriegs, die jedoch nicht zu Kriegshandlungen zwischen den Ländern führte, sowie kriegsähnliche Scharmützel mit wenigen Todesopfern, die von 1981 an zwischen Peru und Ecuador vorgekommen sind.

Und schließlich hat man Untersuchungen über die staatlich gesteuerte Ermordung von Menschen angestellt. Es liegen keine definitiven Daten darüber vor, wie viele unschuldige Menschen auf diese Weise im Laufe des 19. Jahrhunderts getötet wurden, aber es werden um die 200 Millionen gewesen sein. Schätzungen zufolge waren die nichtdemokratischen Länder für 98 bis 99 Prozent dieser Tötungen verantwortlich. Zu den circa zwei Millionen Zivilisten, die durch Kriegshandlungen der demokratischen Länder ums Leben kamen, gehören zum Beispiel auch die Bombenopfer von Dresden sowie die Atombombenopfer von Hiroshima und Nagasaki während des Zweiten Weltkriegs. Solche Daten sprechen eine deutliche Sprache. Regierungsgeschick, das Rechtssicherheit, Freiheit und Demokratie befördert – Begriffe, die mit einer übergreifenden Ethik eng verbunden sind –, schafft bessere Lebensbedingungen für die Bürger als die Willkür von Diktaturen und totalitären Staaten, die keine ethische Auffassung vom Wert des Menschen haben.

Unethische Regime haben in der modernen Zeit auch keine hohe Überlebenserwartung gehabt. Die Daten von *Freedom House*, die vergangenen dreißig Jahre betreffend, sind eindeutig. Der Anteil unfreier Länder lag 1973 bei 43 Prozent und war 2003 auf 25 Prozent gesunken, während der Anteil freier Länder in derselben Zeitspanne von 29 auf 46 Prozent stieg (der Anteil teilweise freier Länder war relativ unverändert: 28 respektive 29 Prozent). Immer mehr Diktaturen sind gestürzt oder gezwungen worden, die Macht an demokratische Regierungen zu übergeben, was zu mehr Freiheit und bürgerlichen Rechten geführt hat.

Es gibt aber auch Nachteile der demokratischen Regierungsform. So werden nicht immer die richtigen Beschlüsse aus der richtigen Motivation heraus gefasst. Manche sind die Folge einer nicht durchdachten Ideologie oder ein Zugeständnis an bestimmte Wählergruppen. Diejenigen, die am besten dazu geeignet sind, ein Land zu führen, lassen unter Umständen die Voraussetzungen vermissen, die man benötigt, um sich in einer Wahl durchzusetzen. Winston Churchill sagte 1947 in einer Rede im Unterhaus: »Niemand behauptet, dass die Demokratie perfekt oder allwissend ist. Man hat sogar schon gesagt, die Demokratie sei die schlechteste Regierungsform, wenn man von all den anderen absieht, die im Laufe der Zeiten schon erprobt worden sind.« Trotz ihrer Mängel ist die Demokratie offenbar die beste Staatsform, die zu schaffen dem Menschen gelungen ist. Und ihre vielleicht wichtigste Funktion besteht darin, dass sie anderen Staatsformen wie der Diktatur und dem Faschismus im Wege steht.

Was geschieht nun in Kulturen, in denen die unethische Sitte herrscht, dass das Haupteinkommen bei einigen wenigen liegt und keine Umverteilung stattfindet? Ein Beispiel für die Ungleichheit zwischen verschiedenen Gesellschaften ist die Verteilung der Ressourcen der Welt zwischen Ländern mit hohem, mittlerem und niedrigem Einkommen (man ist immer mehr von der Einteilung der Staaten in Entwicklungsländer und Industrienationen abgekommen). Knapp eine Milliarde Menschen lebt in Hocheinkommensländern, in denen (nach der Definition der Weltbank) das BNE pro Kopf höher als 9000 Dollar im Jahr ist. In den reichsten dieser Staaten liegt das BNE bei circa 25 000 bis 30 000 Dollar oder mehr. Ungefähr 2,7 Milliarden Menschen leben in Mitteleinkommensländern mit 735 bis 9000 Dollar BNE pro Person und Jahr. Das bedeutet, dass circa 2,5 Milliarden Menschen in Niedrigeinkommensländern mit einem BNE pro Kopf und Jahr unter 735 Dollar leben.

Ein anderes Beispiel ist, dass das Verhältnis zwischen dem Bruttosozialprodukt in den reichsten Ländern mit 10 Prozent der Weltbevölkerung und den ärmsten Ländern mit 10 Prozent der Weltbevölkerung mehr als 140:1

beträgt, und in den vergangenen Jahrzehnten ist dieser Unterschied zwischen arm und reich tendenziell gestiegen. Die Konsequenzen für die ärmsten Länder liegen auf der Hand, es sind Hunger, Krankheiten, niedriges Ausbildungsniveau und Analphabetismus.

Welche Folgen wird diese ungerechte Verteilung der Ressourcen für die reichen Länder haben? Die schwerwiegendsten Auswirkungen liegen noch vor uns, aber sie werden eintreffen. Zum Beispiel wird die schnelle Ausbreitung von HIV in den armen Ländern dazu führen, dass auch in den reichen Ländern immer mehr Menschen an Aids erkranken. Ein anderes Gesundheitsproblem ist die Verbreitung von Tuberkuloseerregern, die resistent gegenüber den meisten Antibiotika sind.

Die Umweltzerstörung, die in vielen armen Ländern zunimmt, wird nicht nur diese Regionen heimsuchen, sondern die ganze Welt. Der Wille, Verantwortung für die Umwelt zu übernehmen, ist zwischen den verschiedenen reichen Ländern schließlich auch sehr unterschiedlich ausgeprägt.

Die ungerechte Verteilung unter den Ländern der Welt – nicht nur im Hinblick auf Ressourcen, sondern auch Ausbildung und Demokratie betreffend – hat dazu geführt, dass der Hass gegen die reichen Länder groß ist. Das hat schwerwiegende Konsequenzen. Terroranschläge, die den Tod vieler Menschen verursachen, haben dramatisch zugenommen. Im Kampf gegen den Terrorismus werden wiederum zahlreiche finanzielle Mittel eingesetzt werden müssen. Wohin soll das in Zukunft führen, wenn, was eigentlich nur noch eine Frage der Zeit sein kann, die Terroristen Zugang zu Massenvernichtungswaffen erhalten?

Dies sind nur einige wenige Beispiele dafür, wie mangelndes ethisches Denken und fehlende Großzügigkeit negative Konsequenzen für alle Beteiligten erzeugen. Die Globalisierung hat dazu geführt, dass wir heute in vieler Hinsicht in einem globalen Dorf leben. Wir müssen einsehen, dass die Verantwortung für unsere Mitmenschen nicht durch Staatsgrenzen, Religionen oder ethnische Zugehörigkeit begrenzt werden kann. Jeder von uns trägt die Verantwortung für das Ganze. Der Mensch ist ein gespaltenes Wesen; er ist sowohl großzügig und altruistisch als auch geizig und egoistisch. Hoffen wir um der Erde willen, dass auch auf globaler Ebene das Gute siegen wird. Eine Welt, in der wir miteinander teilen, ist meiner Auffassung nach eine Voraussetzung für das Überleben der menschlichen Art.

Und schließlich – durch die Entwicklung der modernen Computertechnik haben wir neue Möglichkeiten gewonnen, um zu beobachten, inwiefern ein ethisches Verhalten uns selbst dient. Ein Beispiel ist ein Wettkampf darum, welches Computerprogramm am erfolgreichsten das »Gefangenen-Dilemma« spielen könnte. Das Gefangenen-Dilemma ist eine fiktive Situation: Zwei Personen, die einen Raubüberfall begangen haben, werden von der Polizei in einem gestohlenen Auto aufgegriffen. Es gibt keine eindeutigen Beweise dafür, dass sie den Raubüberfall begangen haben. Die Polizei trennt sie voneinander und stellt jeden Verdächtigen vor die Wahl: Er kann entweder den

Überfall gestehen und fünf Jahre Gefängnis dafür erhalten oder ihn leugnen und nur ein Jahr Gefängnis für den Autodiebstahl bekommen. Aber wenn er leugnet und sein Kumpan ihn verpfeift, dann wird er sich zehn Jahre Gefängnis einhandeln.

Das Problem (aus der Sicht der Gefangenen, nicht aus der Perspektive der Gesellschaft) ist die Frage, ob die beiden einander vertrauen können. Wenn sie es tun, dann kommen beide mit einem Jahr Gefängnis davon. Wenn der eine schweigt und verpfiffen wird, dann darf er stattdessen zehn Jahre im Gefängnis sitzen, während der andere fünf Jahre bekommt. Das Gefangenen-Dilemma wird oft in mehreren Runden gespielt, was dazu führt, dass die Mitspieler ihr Verhalten in Reaktion auf das Verhalten des Gegenspielers verändern.

Dieses Spiel ist unzählige Male benutzt worden, um das Verhalten der Menschen zu studieren. Als verschiedene Computerprogramme das Spiel einrichteten, stellte sich heraus, dass ein sehr einfaches Programm namens »Tit for tat«, im Deutschen »Wie du mir, so ich dir«, ständig siegte. Das Programm war so konstruiert, dass es immer zusammenarbeitete (das heißt, den Überfall leugnete), bis es auf ein Programm traf, das betrog. Gegen dieses Programm betrog »Tit for tat« in der nächsten Runde ebenfalls (gestand also den Überfall), um in der Runde darauf zu »verzeihen« und wieder auf Zusammenarbeit zu setzen. Die Bereitschaft zur Zusammenarbeit, gepaart mit der Bereitschaft, einen Betrug zu bestrafen, ihn dann aber auch schnell wieder zu verzeihen, erwies sich als die beste Strategie.

Man unternahm mit »Tit for tat« eine Art »evolutionäre« Studie. Das Besondere hierbei war, dass das Programm, das siegte, zusätzliche Kopien von sich selbst anfertigen durfte. Auf diese Weise versuchte man, das Evolutionsprinzip des »Survival of the Fittest« nachzustellen. »Tit for tat« vervielfältigte sich und dominierte schließlich die gesamte Population. Dieses »ökologische Experiment« zeigte wiederum, dass das menschliche Verhalten, anderen Gutes zu tun und dasselbe von anderen zu erwarten, ein Überlebensvorteil ist.

Es gibt noch weitere anekdotische Beweise für das, was die allermeisten schon intuitiv erfasst haben – nämlich dass wir Nutzen davon haben, Gutes zu tun, und zwar gleichermaßen als Individuen, als Gruppe oder als Gesellschaft. Eigentlich genügt es, sich umzusehen, um diese Selbstverständlichkeit zu erkennen: Die Welt wird vom Bösen niedergedrückt und vom Guten erhoben.

Zusammenfassung

Es gibt offenbar eine Vielzahl von Argumenten, die dafür sprechen, dass der Mensch Gutes tun und Böses unterlassen sollte. Diese evolutionsbiologischen, verhaltenswissenschaftlichen, religiösen und aus der Erfahrung gewonnenen Erkenntnisse stellen uns allen gemeinsam in Aussicht, dass Freundlichkeit gewinnt. Sind wir nicht freundlich, so verlieren wir. Die Vorteile der Freundlichkeit reichen von der Steigerung der Möglichkeiten bei Partnerwahl und Fortpflanzung über ein glücklicheres und sinnvolleres Dasein bis hin zu der Möglichkeit des Lebens nach dem Tod.

Der Schriftsteller Ralph Waldo Emerson hat dies in folgenden Worten zusammengefasst: »Das Leben ist so weise eingerichtet, dass niemand ernsthaft versuchen kann, anderen zu helfen, ohne sich dabei selbst zu helfen.«

Abgesehen von unserer inneren Zufriedenheit, die wir erlangen, wenn wir zu unseren Mitmenschen freundlich sind, erbringen gute Taten auf die eine oder andere Weise auch ihre Belohnung. Der freundliche Mensch dient damit sowohl sich selbst als auch den anderen. Er verdient unseren Respekt und unsere Bewunderung.

Alle diese Vorteile, die es mit sich bringt, Gutes zu tun, machen verschiedene Aspekte des Begriffes »Erfolg« aus. Erfolgreich sein, das wollen wir alle gern. Es ist nur so, dass wir höchst unterschiedliche Auffassungen davon haben, was das Wort bedeutet. Ehe wir weiter ins Detail gehen und diskutieren, wie wir Freundlichkeit einsetzen können, um Erfolg zu haben, möchte ich deshalb definieren, was der Begriff »Erfolg« alles beinhalten kann.

ERFOLG

Es gibt eine kluge chinesische Geschichte über das Thema Erfolg. Sie handelt von einem armen Mann, der mit seinem Sohn und einem Pferd, das ihr kostbarster Besitz war, zusammenlebte. Eines Tages verschwand das Pferd. Als die Dorfbewohner kamen und das Unglück beklagen wollten, fragte der Mann, woher sie denn wüssten, dass das Geschehene ein Unglück sei. Nach einer Weile kam das Pferd zusammen mit einer Herde Wildpferde zurück. Der Mann war nun plötzlich reich. Wieder kamen die Dorfbewohner, und diesmal beglückwünschten sie den Mann zu seinem großen Erfolg. Er antwortete auf die gleiche Weise wie zuvor, indem er sie fragte: »Woher wisst ihr, dass das ein Erfolg ist?« Als der Sohn anfing, die Pferde zuzureiten, wurde er abgeworfen und brach sich ein Bein. Das Bein wuchs falsch zusammen, und der Sohn hinkte von da an. Nun kamen die Dorfbewohner wieder und beklagten das Unglück, das die Familie heimgesucht hatte, und der Mann fragte erneut, woher sie denn wüssten, dass das Geschehene wirklich ein Unglück sei. Als im Land ein Krieg ausbrach und alle jungen Männer an die Front mussten, wurde der hinkende Sohn vom Militärdienst befreit und konnte sicher zu Hause bleiben.

»Erfolg« ist ein wichtiger Begriff, nicht zuletzt im Hinblick darauf, dass das Streben nach Erfolg innerhalb bestimmter Bereiche des Lebens für viele Menschen eine starke Triebkraft ist. Wir beurteilen unser eigenes Leben und das anderer nach einer Erfolgsskala.

Doch der Begriff Erfolg ist mit vielen Fragen verbunden. Hier einige davon: Was treibt uns zur Leistung an? Welche Wege gehen wir, um Erfolg zu haben? Wie misst man Erfolg? Wie kann es sein, dass das, was eine Person als Erfolg betrachtet, für eine andere kein Erfolg ist? Welchen Weg sollen wir gehen, um in unserem Herzen zu spüren, dass wir erfolgreich sind?

Im Grunde funktionieren Wörter wir Konventionen, die die Kommunikation zwischen den Individuen erleichtern. Das heißt, dass alle, die eine bestimmte Sprache verwenden, sich völlig darüber einig sind, wovon sie sprechen, wenn ein bestimmtes Wort verwendet wird. Einige Beispiele für Wörter, die starke Konventionen darstellen, sind »Stuhl«, »Hund«, »Mensch« »spazieren gehen«, »lachen«, »Nase« und so weiter. Es gibt auch Konventionswörter, die weniger eindeutig sind. Was meine ich zum Beispiel, wenn ich den Begriff »Liebe« verwende? Meine ich damit dasselbe wie mein Vetter? Ein anderes solches Wort ist »Gott«. Hier gibt es unzählige Varianten an Bedeutungen und Bildern, die Menschen im Kopf haben, wenn sie dieses Wort benutzen. Ein drittes Beispiel für solch ein relatives Konventionswort ist auch »Erfolg«. Zwei Menschen denken nur selten an dasselbe, wenn sie dieses Wort in den Mund nehmen. Deshalb ist es wichtig, dass wir für uns selbst analysieren, was es beinhaltet und wie wir unser Leben in Relation zu diesem Begriff interpretieren sollen.

Die Bedeutung der Perspektive

In der Geschichte aus China können wir verfolgen, wie das, was sich zunächst als Erfolg oder auch als Unglück darstellt, ins Gegenteil verkehrt werden kann. Eine Ideologie, eine Tatsache, ein Ereignis kann zunächst wie ein Unglück wirken, um sich dann zu einem Erfolg zu entwickeln. Und umgekehrt. Es gibt viele Beispiele für Gegebenheiten, Leistungen oder Ereignisse, die mit der Zeit eine andere Wertung bekommen haben.

John Kennedy Toole versuchte mehrere Jahre lang, seinen Roman »Die Verschwörung der Idioten« zu publizieren. Nachdem ihm das nicht gelungen war, nahm er sich im Alter von zweiunddreißig Jahren das Leben. Seine Mutter setzte seine Bemühungen fort, einen Verlag für das Buch zu suchen, und am Ende gelang ihr das auch. Als der Roman elf Jahre nach dem Tod des Autors erschien, wurde er ein Erfolg. Das Buch gewann den höchsten Literaturpreis der USA, den Pulitzerpreis, und ist in achtzehn Sprachen übersetzt worden. Viele Jahre nach John Kennedy Tooles Tod feierte man seinen Roman als großen Erfolg, und heute betrachtet man den Autor als eine immense literarische Begabung. Wer hätte ahnen können, dass sein Buch, das zunächst ein Misserfolg zu sein schien, später einen derartigen Erfolg haben würde? Vielleicht hat es seine Mutter geahnt.

Ebenso kann das, was zunächst ein Erfolg zu sein scheint, sich als Misserfolg entpuppen. König Pyrrhus siegte im Jahre 279 vor unserer Zeitrechnung bei Ausculum über das römische Heer. Nachdem er in der Schlacht fast alle seine Männer verloren hatte, sprach er die berühmten Worte: »Noch so ein Sieg, und wir sind verloren!« Pyrrhus musste aufgeben und sich zurückziehen.

Es gibt viele Beispiele für Kriege, die zu Beginn für die eine Partei nach einem Erfolg aussahen und die damit endeten, dass die ursprünglichen Sieger nicht nur ihre Eroberungen verloren, sondern auch alles, womit sie in den Krieg gezogen waren. Napoleon und Hitler sind zwei bekannte Beispiele für vermeintliche Welteroberer, die zusehen mussten, wie ihre anfänglichen Erfolge sich ins Gegenteil verkehrten.

Auch politische Ideologien können dieses Schicksal erleiden. Die Ideologie des Kommunismus feierte im Zusammenhang mit der russischen Revolution im Jahre 1917 ihren ersten großen Erfolg. Es folgten viele weitere, und zu Beginn der 1980er Jahre waren zweiundzwanzig Länder der Welt kommunistisch, darunter ganz Osteuropa. Nun hätte man meinen können, es handle sich hier um eine imponierende Erfolgsgeschichte – bis im Jahr 1989 alles wie ein Kartenhaus zusammenfiel. Mittlerweile sind es nur noch fünf Länder, die sich kommunistisch nennen (China, Kuba, Laos, Nordkorea und Vietnam).

Auch im Bereich der Wissenschaft dauert es oft seine Zeit, bis neue Erkenntnisse entweder als Erfolg oder Misserfolg gewertet werden. Es kann viele Jahre dauern, bis eine neue Hypothese allgemein wahrgenommen wird, was der Grund dafür ist, dass so viele Nobelpreisträger graue Haare haben und mit Krückstock zur Preisverleihung kommen. Ignaz Semmelweis, ein ungarischer Arzt, war Mitte des 19. Jahrhunderts in Wien tätig. Viele frisch entbundene Frauen starben damals am Kindbettfieber. Semmelweis stellte fest, dass die Sterblichkeit unter den Frauen, die von Ärzten behandelt worden waren, bedeutend höher war als unter denen, die bei einer Hebamme entbunden hatten. Als ein Arzt, der bei der Durchführung einer Obduktion eine offene Wunde an der Hand gehabt hatte, krank wurde und an Symptomen starb, die denen des Kindbettfiebers glichen, zog Semmelweis daraus einen bedeutenden Schluss. Er erkannte, dass die Ursache des Kindbettfiebers darin lag, dass die Ärzte bei ihren Obduktionen mit einer gefährlichen Substanz in Berührung kamen, die sie durch Untersuchungen während des Geburtsvorgangs auf die Frauen übertrugen (wie sich später herausstellte, waren es Bakterien). Semmelweis machte es zur Auflage für die Ärzte, sich vor jeder Entbindung mit einer Chlorlösung die Hände zu waschen. Seine These wurde unter großem Widerstand zur Kenntnis genommen, und das Krankenhaus arbeitete aktiv gegen ihn. Er wurde psychisch krank und starb 1865 in einer psychiatrischen Klinik – ironischerweise an einer Bakterieninfektion, die von einer Wunde am Finger hervorgerufen worden war. Semmelweis durfte niemals die Anerkennung erleben, die seine Arbeit nur wenige Jahre nach seinem Tod erfuhr. Heute wird sein Einsatz als eine der größten Leistungen in der Medizingeschichte betrachtet.

Manchmal ist das Erleben von Erfolg auch aus der zeitlichen Perspektive heraus unklar. Eine alte Religionsform, der Zoroastrismus, richtete seinen Glauben auf die Dualität zwischen Gut und Böse aus, auf den Kampf zwischen einem guten und einem schlechten Gott. Ungefähr 1500 Jahre lang war der Zoroastrismus die vorherrschende Religion des Iran, und sie breitete sich von dort auch in andere Teile der Welt aus. Im 6. Jahrhundert begann dann der Islam seinen Siegeszug, und der Zoroastrismus wurde immer weiter zurückgedrängt. Heute gibt es nur noch ungefähr 200 000 Anhänger dieses Glaubens in der ganzen Welt. Doch die Einflüsse des Zoroastrismus finden sich im Judentum, Christentum, Islam und Buddhismus wieder. Ist das nun als Erfolg zu werten oder nicht?

Wir können heute nicht mit Sicherheit voraussagen, welche Ereignisse und Menschen man in der Zukunft als erfolgreich betrachten wird. Die Präsidentschaft von Richard Nixon wurde, weil er der bis dahin einzige amerikanische Präsident war, der zurücktreten musste, als Misserfolg gewertet. Inzwischen sieht man das wegen seiner damaligen Entspannungspolitik, welche die Beziehungen zu China und der früheren Sowjetunion verbessern sollte, anders.

So ist auch noch nicht klar, wie wir Olof Palme in diesen Kontext einordnen sollen. Sein politischer Erfolg ist durch die Konzentration auf die Jagd nach seinem Mörder in Vergessenheit geraten. Der Mörder hat es nicht nur geschafft, das Leben von Palme zu beenden; es ist ihm darüber hinaus gelungen, einen Großteil der Aufmerksamkeit von Palmes politischen Taten auf seinen gewaltsamen Tod zu lenken.

Auch im Sport liegen Erfolg und Misserfolg sehr eng beieinander. Wir haben schon Leichtathletikstars gesehen, die sich wegen ihrer phantastischen Erfolge haben feiern lassen. Und dann kommt der Tag, an dem sich herausstellt, dass sie gedopt waren. Der Absturz in die tiefsten Niederungen folgt; ihr Erfolg wird ins Gegenteil verkehrt. Vielleicht wird es sich, wenn man immer bessere Tests entwickelt, einmal herausstellen, dass noch mehr der heute gefeierten Athleten gedopt waren.

Um eindeutig festzustellen, ob ein Ereignis oder eine Leistung ein Erfolg war, benötigen wir einen langen Atem. Und selbst mit großem zeitlichem Abstand kann die Frage Erfolg oder Misserfolg nur schwer zu beantworten sein. Aber das ist nicht das einzige Problem, wenn es darum geht, Erfolg zu beurteilen.

Der Traum vom Erfolg

Wir haben alle eine ungefähre Vorstellung davon, was Erfolg bedeutet. Wir phantasieren, wie es wäre, wenn wir hochgesetzte Ziele erreichen würden. Diese Ziele sind von Mensch zu Mensch, von Gesellschaft zu Gesellschaft, von Epoche zu Epoche unterschiedlich. In manchen Kulturen wurde der Erfolg der Menschen ausschließlich an ihrer physischen Stärke gemessen. Das betraf natürlich vor allem die Männer. Frauen hingegen wurden nach der Zahl ihrer Kinder oder nach dem gesellschaftlichen Status ihres Ehemannes beurteilt. Dies ist mit der Sicht der modernen Gesellschaft kaum mehr zu vereinbaren. In anderen Gesellschaften wurde Erfolg wiederum daran gemessen, wie klug jemand war. Und in manchen Kulturen war und ist Reichtum das wichtigste Kriterium für Erfolg.

Heutzutage ist unter anderem Prominenz ein gebräuchlicher Maßstab für Erfolg. Die Berühmtheit kann dabei auf unterschiedliche Weise entstanden sein – durch eine Karriere als Schauspieler, Schriftsteller oder als Teilnehmer an einer Doku-Soap, durch politischen Aufstieg, hohe Positionen, Meinungsbildung und so weiter. Natürlich gibt es auch Menschen, die auf negative Weise Prominenz erlangen, zum Beispiel durch Verbrechen oder verschiedene Arten von Skandalen.

Ein anderes wichtiges Thema ist die Zufriedenheit, die der Erfolg mit sich bringen sollte. Aber sind wir denn immer zufrieden, wenn wir die Erfolgsziele erreicht haben, die wir uns gesteckt haben? Leider nicht. Oft leben wir in dem Irrglauben, dass wir, wenn wir nur bestimmte Ziele erreichten, glücklich und zufrieden sein würden. Wenn wir nur mehr Geld hätten oder ein schöneres Haus, oder anspruchsvollere Aufgaben bei der Arbeit oder einen perfekten Partner, dann würden wir mit unserem Leben zufrieden sein.

In US-amerikanischen Studien hat man herausgefunden, dass über 70 Prozent der frischgebackenen College-Studenten der Meinung sind, Reichtum sei ein äußerst erstrebenswertes Lebensziel (während nur 40 Prozent der Ansicht sind, dass auch die Ausbildung einer sinnvollen Lebensphilosophie sehr wichtig sei). Doch wie groß ist unsere Zufriedenheit, wenn wir reich sind? Untersuchungen zeigen, dass schon im ersten Jahr nach großen Lotteriegewinnen das Glückserleben der Gewinner ebenso groß ist wie das von Leuten, die nicht gewonnen haben. Bei Studien über Personen, die beträchtliche Einkommenssteigerungen zu verzeichnen hatten, konnte man ebenso wenig feststellen, dass dies zu einem höheren Grad an Zufriedenheit und Glück geführt hätte.

Die Kaufkraft des durchschnittlichen Amerikaners hat sich in einem Zeitraum von fünfundvierzig Jahren mehr als verdoppelt. Hat das zu größerem Glück geführt? Im Jahre 1957 antworteten 35 Prozent der Amerikaner, dass sie »sehr glücklich« seien. Die entsprechende Zahl lag 2002 niedriger, bei 30 Prozent. Vergleichbare Untersuchungen in anderen Industrieländern weisen dieselbe Tendenz auf: Trotz einer starken wirtschaftlichen Entwicklung ist die Zufriedenheit im letzten halben Jahrhundert nicht gestiegen.

In Studien über gewisse Naturvölker stellte man fest, dass sie ein ebenso hohes Maß an Wohlbefinden angeben wie zum Beispiel die Amerikaner. Dennoch gilt, dass bei einem sehr geringen wirtschaftlichen Standard die Zufriedenheit des Menschen sinkt. Das Interessante ist, dass inzwischen schon bei einem Einkommensniveau von um die 100 000 Kronen jährlich das Gefühl des Wohlbefindens in der Bevölkerung mit steigendem Gehalt nicht zu wachsen scheint.

Man hat auch Akademiker befragt, die für eine Beförderung an der Universität zur Wahl standen. Als man sie fragte, wie sie es finden würden, wenn man sie nicht beförderte, war die Antwort oft, dass ihr Leben dann leer und inhaltslos sein würde. Wenn man sie einige Jahre später noch einmal befragte, konnte man feststellen, dass diejenigen, die die höhere Position nicht erreichten, ungefähr ebenso glücklich waren wie die, die sie erhielten.

Welche Ziele lohnt es sich im Hinblick auf mehr Glück und Zufriedenheit anzustreben? In einer Untersuchung wurden die Lebensziele der Menschen einerseits und der Grad ihres Wohlbefindens andererseits gegenübergestellt. Es zeigte sich, dass diejenigen, die sich ein hohes Einkommen und eine erfolgreiche, prestigeträchtige Arbeit als Ziel gesetzt hatten, sich als relativ oder auch sehr unglücklich bezeichneten und sich sehr häufig mit anderen, die Freundschaft und Liebe als wichtigste Lebensziele angegeben hatten, verglichen. In einer Studie, an der einundvierzig Länder teilnahmen, entdeckte man eine sehr starke Wechselwirkung zwischen dem Glücksempfinden und einer höhen Einschätzung der Bedeutung von Liebe. Je wichtiger einem die Liebe war, desto glücklicher war man. Bei den Menschen, die Geld hoch einschätzen, stellte sich eine umgekehrte Wirkung ein. Je wichtiger Geld war, desto unglücklicher war der Mensch.

Es ist offensichtlich, dass wir oft Ziele anstreben, bei deren Erreichen wir kein Gefühl von Erfolg haben. Dabei ist es wichtig, die echten Erfolgsziele von den falschen zu trennen, so dass wir am Ende nicht irgendwelchen unrealistischen Wunschvorstellungen hinterherjagen. Mehreren Untersuchungen zufolge ist es offensichtlich so, dass Geld uns nur selten glücklich macht, während gute Beziehungen uns das Gefühl von Zufriedenheit und Erfolg vermitteln.

Äußerer und innerer Erfolg

In der Gegend, in der ich wohne, werden jedes Jahr Leichtathletikwettkämpfe für Kinder ausgerichtet. Hunderte von Eltern nutzen die Gelegenheit, die unterschiedlichen jungen Leichtathletiktalente zu beobachten und zu bejubeln. Ich stand gerade an der Zielgeraden für den Sechzig-Meter-Lauf, als ich sah, wie ein Junge, dessen Eltern ich flüchtig kannte, als Zweiter durchs Ziel lief. Der Vater des Jungen ging zu ihm hin, und ich rechnete damit, dass er seinem Sohn gratulieren würde, doch stattdessen hörte ich folgenden Kommentar: »Schade, dass du nicht gewonnen hast, aber du hast ja nächstes Jahr noch eine Chance.« Der Junge lächelte tapfer, wenn auch ein wenig angestrengt, und antwortete: »Aber ich bin Zweiter geworden, das ist doch gut!« Als der Vater daraufhin antwortete: »Aber man kämpft doch, um zu gewinnen«, erlosch das Lächeln des Jungen schlagartig.

Äußerer Erfolg ist ein sichtbares Zeichen für die Bewertung durch unsere Umgebung. Wir werden entweder nach einem individuellen familiären oder gesellschaftlichen Maßstab beurteilt und als mehr oder weniger erfolgreich eingestuft. Ganz anders verhält es sich mit dem inneren Erfolg, damit, wie wir uns selbst erleben. Hier zählt unser eigener Maßstab, und unsere Leistungen werden mit den Anforderungen, die wir selbst an uns stellen, abgeglichen und beurteilt. Hier kommt unser Herz zu Wort.

Der Junge ist seinem inneren Gefühl gefolgt, als er seinen zweiten Platz als Erfolg wertete. Seine innere Einschätzung kollidierte jedoch auf brutale Weise mit den Anforderungen der Umwelt, die durch den Vater des Jungen repräsentiert wurden.

Es ist nicht ungewöhnlich, dass das innere Erleben von Erfolg mit der Sicht der Umgebung nicht übereinstimmt. In unserem Beispiel: Der Vater legte einen viel enger gefassten Begriff von Erfolg zugrunde als der Sohn selbst, dessen Leistung er beurteilte.

Aber es gibt auch Beispiele für das Gegenteil. Die allermeisten Menschen würden sagen, dass die Verleihung des Nobelpreises einer der größten Erfolge ist, die ein Mensch erzielen kann. Der französische Schriftsteller Jean-Paul Sartre sah dies anders. Er bekam 1964 den Nobelpreis für Literatur angetragen, doch er lehnte diese Ehrung ab. Für Sartre war der Nobelpreis kein Zeichen von Erfolg.

Wenn wir unseren eigenen Erfolg analysieren, dann vergleichen wir uns oft mit anderen. Es ist nicht so, dass wir uns als wirtschaftlich erfolgreich sehen, weil wir mehr besitzen als die Menschen vor hundert Jahren oder weil wir reicher sind als die Menschen in Ländern mit Niedrigeinkommen. Was zählt, sind unsere eigenen Erfolge im Verhältnis zu den Ebenbürtigen. In einer Studie wurden amerikanische Studenten befragt, ob sie es vorziehen würden, jedes Jahr eine gewisse Summe zu verdienen, während andere nur die Hälfte dieses Betrages bekämen, oder ob es ihnen lieber wäre, doppelt so viel Geld zu verdienen, wenn andere noch mehr bekämen, nämlich doppelt so viel wie sie. Es zeigte sich, dass die meisten die erste Variante wählten: selbst weniger zu verdienen, aber auf jeden Falll mehr als andere. Unser inneres Gefühl von

Erfolg ist also in erheblichem Maße an den Vergleich mit anderen gebunden.

Aber Vergleiche finden nicht nur mit anderen, sondern auch mit unseren eigenen Anforderungen statt. Wären wir glücklicher über eine olympische Silbermedaille als über eine Bronzemedaille? Die Antwort kann selbstverständlich erscheinen, weil ein zweiter Platz ein besseres Ergebnis ist als ein dritter. Aber in Untersuchungen hat sich genau das Gegenteil herausgestellt: Die Sportler, die eine olympische Bronzemedaille gewonnen haben, sind zufriedener als die Empfänger der Silbermedaille, die dazu neigen, sich darüber zu grämen, dass sie nicht den ersten Platz belegt haben. Ebenso pflegen die Fußballmannschaften, die bei der WM den dritten Platz belegen, das Turnier mit einer Aura von Erfolg zu verlassen. Sie haben zwar im Halbfinale verloren, sind aber wiedergekommen und haben das Turnier so mit einem Sieg beendet. Die Zweitplatzierten hingegen haben das Finale und somit auch den Weltmeistertitel verloren. Wir vergleichen unsere Leistung mit einem Ideal, mit dem, was wir hätten erreichen können.

Das erinnert mich an die Geschichte von einem Mann, der mit seiner Frau und ihren neun Kindern ein kleines Haus mit nur einem Zimmer bewohnte. Er suchte einen Weisen auf und bat hin um Rat, denn die Situation zu Hause war wegen der Enge unerträglich. »Der Rat, den ich dir gebe, ist, die Geiß mit reinzunehmen und bei euch wohnen zu lassen«, sagte der Weise. Der unglückliche Mann glaubte, sich verhört zu haben, aber der Weise bekräftigte, dass die Geiß ins Haus solle, und hieß ihn, nach einer Woche wiederzukommen. Als der Mann den Weisen nach einer Woche erneut aufsuchte, wurde er gefragt, wie es denn sei. Er antwortete: »Es ist die Hölle. Die Geiß stinkt, wühlt herum und braucht massenhaft Platz. Es ist schrecklich!« »Gut«, erwiderte der Weise. »Dann lass die Geiß jetzt wieder hinaus. Es wird sich wie das Paradies anfühlen.«

So geht es uns mit vielem in unserem Leben. Wir stellen immer durch Vergleiche fest, wie es uns geht. Deshalb kommt einem eine Außentemperatur von 15 Grad Celsius im September kalt vor, im April hingegen warm.

Es kann auch von unserem Selbstvertrauen abhängen, wie wir unseren eigenen Erfolg bewerten. Wenn wir uns viel zutrauen, dann werden wir auch bei großen, imponierenden Erfolgen nicht überrascht von uns selbst sein. Wenn wir uns jedoch nur wenig zutrauen, kann ein Erfolg uns selbst beeindruckend erscheinen, während er für die Umwelt nur alltäglich ist.

Unser Selbstvertrauen ist von verschiedenen Faktoren abhängig. Die Gene spielen eine gewisse Rolle, aber auch unsere Herkunft ist von Bedeutung. Sigmund Freud hat gesagt: »Wer der unumstrittene Favorit seiner Mutter war, der trägt sein Leben lang ein triumphierendes Gefühl in sich, eine Überzeugung, erfolgreich zu sein, die nicht selten wirklichen Erfolg mit sich bringt.« Wenn wir meinen, unbezwingbar zu sein, dann kann das unsere Chancen, Erfolg zu haben, erheblich erhöhen. Mit einem inneren Gefühl des Erfolgs zu leben, sei er nun an die Auffassung der Umwelt gebunden oder nicht, kann sehr positiv sein. Aber dieses Gefühl kann auch umschlagen. Es gibt Menschen, die aus der äußeren Perspektive gesehen nicht erfolgreich sind, die aber glauben, von anderen als äußerst erfolgreich beurteilt zu werden, und die deshalb ein überzogenes Gefühl von Erfolg besitzen. Wenn solch eine Diskrepanz zwischen Wirklichkeit und Selbstbild besteht, spricht man von Größenwahn oder Megalomanie. Diese Fehleinschätzung kann sowohl für die Person als auch für die Umgebung schädlich sein und ist häufig bei kriminell gewordenen Menschen zu beobachten.

Ein schlechtes Selbstvertrauen kann ebenfalls eine zweischneidige Angelegenheit sein. Es kann zur Folge haben, dass alle Erfolge völlig überraschend und positiv erlebt werden. Doch es kann auch schlechtes Selbstvertrauen bedeuten, wenn wir glauben, dass nichts von dem, was wir schaffen, etwas wert sei.

Ein schlechtes Selbstvertrauen kann uns auch in anderer Hinsicht beeinflussen. Das Gefühl, mit dem Geleisteten niemals wirklich zufrieden sein zu können, treibt den Menschen in dem Streben an, zu beweisen, dass er ein wertvoller Mensch ist. Fluch oder Segen? Es liegt an uns selbst, dies für uns herauszufinden.

Oft gilt es, eine goldene Mitte zu finden. Wir können nicht nur durchs Leben hasten, ohne innezuhalten und das, was wir haben, zu schätzen und zu genießen. Wir selbst sind es, die bestimmen, ob das Glas halb leer oder halb voll ist. Am Ende geht es darum, sich dafür zu entscheiden, ob man mit dem, was man hat, zufrieden ist oder nicht. Im Dezember 1914 brannte das Labor des Erfinders Thomas Edison nieder. Bei dem Brand wurden auch viele der Prototypen zerstört, mit denen Edison und seine Mitarbeiter gearbeitet hatten. Es gab nicht einmal eine Versicherung, die den Verlust des Hauses abgedeckt hätte. Nachdem er die Zerstörung betrachtet hatte, sagte Edison: »Seht mal, alle unsere Fehler sind verbrannt. Jetzt können wir wieder neu anfangen.«

Was ist Erfolg?

Was macht nun wirklich Erfolg aus? Wir müssen konstatieren, dass auch, wenn wir uns auf gewisse Kriterien einigen können, jeder Einzelne letztendlich dieses Wort für sich selbst definieren muss. Wir haben unterschiedliche Auffasssungen von Dingen wie dem Wert und Sinn des Lebens und sind durch diese individuelle Sicht geprägt, und jeder definiert den Begriff ein wenig anders. Meine eigene Definition von Erfolg wäre folglich: »Erfolg ist ein subjektives Erleben, das nur von unserem eigenen Herzen definiert werden kann.«

Meine Zukunftsziele waren für mich im Großen und Ganzen schon seit meiner Kindheit klar umrissen. Ich wollte Spezialist für Krebserkrankungen werden und mich für den Posten des Oberarztes und eine Professur qualifizieren. Und dann würde ich Abteilungschef am Stockholmer Karolinska Institut werden. Mit diesen Karrierezielen im Hinterkopf kämpfte ich viele Jahre lang. Ich wurde Facharzt für die Behandlung von Krebs, ich wurde Dozent am Karolinska Institut und leitete eine große Forschungsgruppe. Alles ging in die richtige Richtung – bis ich Mitte der neunziger Jahre in eine schwere Krise geriet. Während dieser Krise veränderte sich meine Auffassung davon, was im Leben wirklich wichtig ist.

Als ich im Zusammenhang mit diesen Erlebnissen beschloss, ein Buch über den Glauben zu schreiben, wurde mir klar, dass dies das Ende meiner Forschungskarriere bedeuten würde. Meine Hoffnungen darauf, Professor und Abteilungschef zu werden, würden sich nicht erfüllen, denn das Schreiben würde zu viel Zeit in Anspruch nehmen (und dann befürchtete ich auch noch, mit der Publikation eines solchen Buches in der Forschungswelt als »Softie« dazustehen). Ich hatte viele tüchtige Mitarbeiter in der Forschungsgruppe, und ich würde, dachte ich, einen großen Teil der Verantwortung – und der Ehre – ihnen überlassen müssen. Nachdem ich etwas darüber nachgedacht hatte, beschloss ich, dieses Risiko einzugehen. Es gab Wichtigeres, als Karriere zu machen, Professor und Abteilungschef zu werden. Ich hatte keine Wahl – ich musste das Buch schreiben.

Als das Buch *En dold Gud* (»Ein versteckter Gott«) drei Jahre später erschien, zog ich Bilanz. Was ich sah, erfüllte mich mit Erstaunen. Es zeigte sich, dass die Forschungsarbeiten niemals so gut gelaufen waren wie in diesen Jahren. Meine Mitarbeiter hatten sich als bessere Forscher entpuppt als ich, und sie hatten mit Unterstützung, Rat und Aufmunterung große Taten vollbracht. Im Jahr danach wurde ich zu meinem Erstaunen Professor und Abteilungschef.

So hatte ich alle meine Ziele erreicht, und das Besondere daran ist: Diese Ziele rückten dadurch in greifbare Nähe, dass sie nicht mehr die wichtigsten in meinem Leben waren. Das verhält sich vielleicht so wie mit der Betrachtung eines Punktes im Dunkeln. Schaut man ihn direkt an, dann sieht man ihn nicht so gut, wie wenn man ihn ein wenig von der Seite aus betrachtet.

Meine Jahre als Abteilungschef waren sehr lehrreich, aber ich konnte das Gefühl nie loswerden, dass sie mehr eine Ausbildungszeit als ein Teil meines Lebens waren. Es war vielleicht ein äußerer Erfolg, aber war es auch ein innerer? Vor einigen Jahren entschloss ich mich deshalb, meine Stelle als Abteilungschef zu kündigen. Kurz darauf reduzierte ich meine Professur auf Teilzeit und entschied mich dafür, die Krebsforschung, in der ich noch zusätzlich arbeitete, zu verlassen. Ich überließ die Gruppe meinem engsten Mitarbeiter, einem sehr guten Wissenschaftler.

Ich tat dies zu Gunsten der Beschäftigung mit ethischen Fragen. Ein Jahr darauf erschien *Den sjunde dagen* (»Der siebte Tag«), eine belletristische Erzählung über den Sinn des Lebens. Ich begann in größerem Umfang Vorträge über Beziehungen und Ethik zu halten.

Dieser Übergang war (und ist immer noch) nicht leicht. Ich habe einer sicheren Karriere, die mich bis zur Pensionierung versorgt hätte, den Rücken gewandt, und dies für einen sowohl wirtschaftlich als auch karrieremäßig viel unsichereren Weg. Aber es fühlt sich dennoch richtig an. Ich weiß, dass mein früheres Streben nach Karriere nicht ganz richtig für mich war und dass das, was ich jetzt mache, sich gut anfühlt und mir sinnvoll erscheint. Vielleicht ist das Gefühl, sein Leben sinnvoll zu gestalten, letztlich doch eines der wichtigsten Kriterien für Erfolg.

FREUNDLICHKEIT UND ERFOLG

Welches Verhalten ist denn nun einem gelungenen und erfolgreichen Leben zuträglich? Ich denke, dass die Fürsorge für unsere Mitmenschen eine Voraussetzung dafür ist, wirklich erfolgreich zu werden. Der wirkliche Erfolg wird eben nicht von den Raffinierten und Rücksichtslosen, von den hartherzigen Egoisten oder den Vorgesetzten mit psychopathischen Charakterzügen errungen. Erfolg im Leben erringt man auf andere Weise. Denn schließlich nützt doch das, was wir nur für uns selbst tun, niemandem etwas, während das, was wir für alle tun, allen nützt.

Wie soll man sich nun also verhalten, wenn man erfolgreich sein will? Es gibt mehrere konkrete Ratschläge, die man befolgen kann. Doch das Interessante daran ist, dass sie sich am Ende auf zwei Tipps reduzieren lassen, die eigentlich völlig selbstverständlich sind, aber auch erstaunlich gering geschätzt werden: Man soll ein freundlicher Mensch sein, und man soll seine Freundlichkeit sorgfältig und gezielt einsetzen.

Meine Ratschläge betreffen das Arbeitsleben, unser soziales und unser inneres Leben. Alle diese Teile müssen wie bei einem Puzzle ihren Platz finden, wenn wir in unserem Leben erfolgreich sein wollen.

Großzügigkeit

Viele denken, wenn sie das Wort »großzügig« hören, an Geld und die Bereitschaft zu geben. Und natürlich ist es eine Form der Großzügigkeit, von seinem Geld etwas abzugeben. Doch es geht nicht nur darum, sein Geld zu verteilen. Interessanterweise scheint es eine Verbindung zu geben zwischen Großzügigkeit in wirtschaftlichen Dingen und dem generellen Wunsch zu teilen. Geizige Menschen wiederum tendieren dazu, anderen gegenüber in vielen Aspekten des Lebens Zurückhaltung zu wahren.

Was bedeutet es, großzügig zu sein? Was charakterisiert eine großzügige Handlung und unterscheidet sie von anderen Handlungen – guten wie schlechten? Großzügig zu sein heißt, dass man etwas tut, ohne dafür eine Gegenleistung zu verlangen. Man will keinen Tauschhandel, weder in Form von Waren, Diensten oder Geld. Das Erstaunliche dabei ist, dass diese Art von Großzügigkeit sich oft lohnt.

Eine andere Form von Großzügigkeit besteht darin, Ruhm und Ehre mit anderen zu teilen. Als ich mich dazu entschloss, einen Teil der Verantwortung für die Forschung meinen Mitarbeitern zu übertragen, wurde mir gleichzeitig klar, dass ich auch einen Teil der Ehre dafür ihnen überlassen musste. Sie sollten die Anerkennung für die Entdeckungen erhalten, die sie gemacht hatten, nicht ich. Interessant daran ist, dass ich, als mein Entschluss feststand, ein starkes Gefühl von Freiheit verspürte. Ich musste meinen eroberten Bereich nicht länger verteidigen. Ich konnte mir zugestehen, Sachen einfach nur deshalb zu machen, weil ich das Gefühl hatte, sie seien für mich wichtig. Und weil sie gut für andere waren.

Mein Vater Jerzy Einhorn zitierte manchmal die Worte des amerikanischen Präsidenten Harry S. Truman: »Man stelle sich mal vor, wie viel man zustande bringen würde, wenn es einem egal wäre, wem die Ehre dafür zuteil wird.« Und Papa arbeitete immer nach diesem Prinzip – gib dein Bestes und sei großzügig zu deinen Mitarbeitern. So wurde er erfolgreich in seinem Beruf – als Arzt, Forscher und später als Reichstagsabgeordneter und Schriftsteller.

Wir neigen dazu, unser Revier zu verteidigen. Das, was wir machen und was gut ist, soll uns auch die Anerkennung einbringen. Für das, was wir zustande gebracht haben, soll unsere Umwelt uns und niemand anderen bewundern. Bekommen wir zu wenig Anerkennung, ärgern wir uns und fühlen uns ungerecht behandelt. Und manchmal reden wir uns sogar ein, dass uns mehr Ehre gebühre, als uns in Wirklichkeit zusteht.

Das ist eine Form von Geiz. Wir wollen die Ehre nicht teilen und darin anderen gegenüber nicht großzügig sein. Dabei gibt es keinen Anlass zur Sorge. Die Welt funktioniert so raffiniert, dass sich auf lange Sicht immer ein Gleichgewicht einstellt. Manchmal bekommen wir weniger Ehre, als wir verdienen, und manchmal mehr. Wir können also Ruhe bewahren und auf den Lauf der Dinge vertrauen. Was wir an der Schießbude verloren haben, gewinnen wir beim Ringewerfen zurück. Wenn wir auch mal anderen großzügig einen Teil der Anerkennung überlassen, die uns gilt, dann werden wir sie auf die eine oder andere Weise zurückerhalten. Das Erstaunliche an der Anerkennung ist nämlich, dass sie immer wieder zu uns kommt, egal, wie viel wir davon weggeben.

Wir können aber auch auf andere Weise großzügig sein, zum Beispiel beim Verteilen von Lob. Fragt man mal, wer glaubt, zu viel Anerkennung erhalten zu haben, so meldet sich fast nie jemand. Hingegen gibt es schrecklich viele, die meinen, nie genug gelobt worden zu sein.

Wie kommt es nur, dass so viele Menschen ausgehungert nach Lob sind, wo es doch überhaupt nichts kostet, großzügig mit Lob und Anerkennung zu sein? Wir selbst verlieren schließlich nichts, wenn wir jemand anderes ermuntern. Das ist etwas, das wir geben können, ohne dass es uns auch nur einen Pfennig kostet.

Es ist ein verbreitetes Missverständnis, dass Lob nur von oben nach unten ausgeteilt werden kann. Wir erwarten, dass Eltern, Lehrer und Chefs Lob aussprechen (wenn sie das auch oft nicht tun), während dies von Kindern, Schülern oder den Mitarbeitern des Chefs nicht erwartet wird. Das ist natürlich falsch, denn Lob und Anerkennung können in alle Richtungen gehen: die Hierarchie hinauf, zur Seite und hinunter. Kinder brauchen Anerkennung von Freunden, Eltern und Lehrern, aber gleichzeitig freut es auch Eltern und Lehrer, manchmal zu hören, dass sie ihre Sache gut machen. Anerkennung am Arbeitsplatz ist besonders wichtig. Wir sollten sie aus allen Richtungen bekommen: von Kollegen, vom Chef und von Mitarbeitern, die uns unterstellt sind.

Ich habe festgestellt, dass das Fehlen von Kritik manchmal das größte Kompliment ist, das man an einem Arbeitsplatz bekommen kann. Wenn das der Fall ist, möchte man doch am liebsten das Handtuch werfen. Schließlich handelt es sich um eine Ware, die in jeder Hinsicht gratis ist. Eine Ware, an der zu sparen es nicht den geringsten rationalen Grund gibt.

Aber es fehlt nicht nur an Anerkennung und Lob. Um wachsen und uns entwickeln zu können, brauchen wir auch konstruktive Kritik und Feedback. Und manchmal sind wir auch mit der konstruktiven Kritik allzu geizig.

Was ist konstruktive Kritik? Drei Dinge zeichnen sie aus: Das erste ist, dass sie unter vier Augen angebracht wird. Das zweite ist, dass sie geäußert wird, damit der andere daran wachsen kann. Das dritte ist, dass gute Kritik in Liebe ausgesprochen werden sollte. Wenn Faktoren wie Aggressionen, Selbstdarstellung oder fehlende Impulskontrolle eine Rolle spielen, dann sollten wir davon Abstand nehmen, Kritik zu äußern – und zwar in jedem Fall! Kommen wir auf das Kriterium der liebevollen Kritik zurück. Wenn Sie finden, dass Liebe ein zu großes Wort ist, dann können Sie es gegen »Empathie« oder »Fürsorge« austauschen. Wir berichten dem anderen aus einer Fürsorge heraus, was dieser wissen muss, um weiter wachsen zu können.

Sollen wir einem Mitmenschen sagen, dass er schlechten Mundgeruch hat? Die meisten werden diese Frage mit einem bestimmten Nein beantworten. Manchmal reden wir uns ein, es sei rücksichtslos, einen anderen Menschen auf dieses Problem aufmerksam zu machen. Manchmal aber gestehen wir uns selbst den wirklichen Grund ein – wir trauen uns nicht, oder, was noch schlimmer ist, es ist uns egal. Ein Mensch, der schlechten Mundgeruch hat und das nicht weiß, leidet unter einem ihm nicht bewussten Handicap, das zu sozialer Isolation führen kann. Und einen Menschen auf dieses Problem aufmerksam zu machen kann zu einem neuen Anfang in seinem Leben führen. Ist Feigheit ein ausreichender Grund, einem anderen Menschen diese Möglichkeit zu verweigern?

Einem anderen Entwicklungschancen vorzuenthalten ist eine Form von Geiz. Wir selbst brauchen die gute Kritik ebenso, und deshalb sollten wir auch anderen gegenüber großzügig damit verfahren. Und wenn uns jemand in Liebe und in Sorge um unsere eigene Entwicklung kritisiert und konstruktives Feedback gibt, dann sollten wir das dankbar annehmen, auch wenn es schwer ist, zu hören, dass wir nicht perfekt sind. Danach ist es unsere Sache, wie wir mit der Kritik umgehen. Wir müssen nicht in allem derselben Meinung sein, aber ich habe die Erfahrung gemacht, dass gute Kritik immer Wahrheiten enthält, aus denen man lernen kann.

Wenn wir einen anderen Menschen um Rat fragen, entsteht, wie schon erwähnt, eine Situation, in der beide gewinnen. Deshalb ist es auch immer eine gute Idee, mit dem Fragen um Rat bei anderen Menschen großzügig zu sein. Droht in einer Frage ein Konflikt, kann dieser nach meiner Erfahrung oft gelöst werden, indem wir den anderen um seinen Rat bitten, wie wir mit der Situation umgehen sollen.

Vor einigen Jahren habe ich an der Erstellung einer medizinischen Informationsbroschüre mitgewirkt. Als die Arbeit fast fertig war, begannen die Auftraggeber zu hinterfragen, wie das Programm vertrieben werden sollte, und plötzlich waren sie nicht mehr sicher, ob sie das Produkt, an dem wir so hart gearbeitet hatten, auch haben wollten. Daraufhin beriefen wir eine Konferenz mit einigen Vertretern der Auftraggeber ein und baten sie um Rat, wie die Verbreitung der Broschüre denn am besten bewerkstelligt werden sollte. Das ursprünglich feindselige Klima wurde kreativ, und nach der Konferenz hatten wir nicht nur eine Menge Ideen, wie das Produkt vertrieben werden könnte, sondern jetzt arbeiteten auch noch mehrere Personen bei den Auftraggebern begeistert daran, dass das Projekt auch wirklich durchgeführt werden konnte.

Viele Menschen denken über den Eindruck nach, den sie auf ihre Umgebung machen. Das ist überhaupt kein Fehler, solange es nicht übertrieben wird. Es gibt keine perfekten Menschen, und das wissen wir alle in unserem tiefsten Innern. Deshalb ist es auch eine Form von Großzügigkeit, seine Defizite, sein Scheitern und seine Fehler offen einzugestehen. Das ist großzügig, denn es lässt anderen Menschen Raum, sich größer zu fühlen.

Viele hegen im Verborgenen eine spezielle Eigenschaft, die wir »das Betrügersyndrom« nennen können. Wir glauben, von kompetenten und tüchtigen Menschen umgeben zu sein. Es gibt nur eine Ausnahme, und das bin ausgerechnet ich, die Person, die dies denkt. Es ist nämlich so, dass ich in Wirklichkeit gar nicht so tüchtig und fähig bin, wie die Umgebung glaubt, und das Seltsame ist nur – die Leute haben immer noch nicht rausgekriegt, dass ich im Grunde genommen nur ein geschickter Betrüger und ein Eindringling bin. Meine größte Angst ist, dass ich eines Tages auffliegen werde.

Viele Menschen leiden unter dem Betrügersyndrom. Das Beste, was wir tun können, damit die anderen begreifen, dass sie nicht schlechter als andere sind, ist, offen mit unseren Fehlern und Defiziten umzugehen. Und das Beste, was wir für uns selbst tun können, ist, einzusehen, dass die Menschen um uns herum nicht so überlegen sind, wie wir zu glauben oft verleitet werden.

Hier ist wichtig zu betonen, dass man mit dieser Großzügigkeit im offenen Umgang mit Fehlern und Defiziten sorgfältig umgehen muss. Masochisten und Selbstzerstörer schätzen sie gar nicht.

Wir lernen, indem wir andere nachahmen. Seit wir Babys waren, haben wir uns auf diese Weise entwickelt und uns Neues angeeignet. Bekanntermaßen haben wir laufen, greifen und reden nicht gelernt, indem wir geheime Bücher gelesen, sondern indem wir andere nachgeäfft haben.

Der japanische Musiklehrer Shinichi Suzuki hat einmal beobachtet, wie die berühmten japanischen Singvögel ihren Gesang ausbildeten. Es zeigte sich, dass die Vogelzüchter in jeden Raum mit neu geschlüpften Singvögeln einen so genannten Meistersänger setzten, einen Vogel, der besonders schön sang. Die kleinen Vögel versuchten dann, den Meistersänger nachzuahmen, zu Anfang mit weniger gutem Ergebnis. Doch nach einer Weile sangen sie immer schöner, und am Ende erfanden sie eigene Melodien. Suzuki wandte dieses Wissen an, um eine Methode zu entwickeln, die auf Nachahmung beruht und mit der Millionen von Kindern das Spiel auf verschiedenen Instrumenten erlernt haben.

Das Nachahmen ist die ursprüngliche Lernmethode des Menschen. Durch sie lernen wir viel im Leben, auch wenn wir uns in der Kindheit und Jugend durch oft langweiligen Schulunterricht und noch langweiligere Lektionen quälen müssen. Als Erwachsene haben wir die Fähigkeit, durch Nachahmung zu lernen, keineswegs verloren. Man hat in Studien nachgewiesen, dass Menschen, die miteinander sprechen, die Körperhaltung des anderen einnehmen. Man hat auch Menschen Elektroden im Gesicht befestigt und ihnen dann Fotografien von Personen mit unterschiedlichen Gesichtsausdrücken präsentiert. Es zeigte sich, dass die Muskelgruppen im Gesicht, die bei den Versuchspersonen in Aktion traten, dieselben sind, die bei den Personen auf den Fotografien aktiviert wurden, wenn sie zum Beispiel lächelten oder verärgert aussahen.

Leider ist es so, dass sich die Einstellung zum Nachahmen als Lernmethode verändert, wenn wir älter werden. Es wird von allen erwartet, dass sie sich im Erwachsenenalter Wissen und Fähigkeiten aneignen, ohne andere nachzuahmen. Nachahmung wird sogar als etwas angesehen, wofür man sich schämen muss. »Hör auf, alles nachzuäffen« ist ein verärgerter Ausruf, den wir alle schon einmal hören mussten.

Das ist doch eine seltsame Art zu denken. Wir haben so gute Möglichkeiten, unsere Großzügigkeit zu pflegen, indem wir andere Menschen von dem lernen lassen, was wir gut können. Wenn wir großzügig damit sind, das zu lehren, wovon wir etwas verstehen, dann sollten wir uns auch nicht schämen, von anderen zu lernen, indem wir sie nachahmen. Wenn wir mit anderen in dieser Hinsicht großzügig sind, dann ist es viel leichter, auch selbst Großzügigkeit von anderen anzunehmen.

Aber wie verhalten wir uns denen gegenüber, die noch nicht die Möglichkeit bekommen haben, uns an ihrer Großzügigkeit teilhaben zu lassen, und von denen wir etwas lernen möchten? Genau, wir sagen es einfach so, wie es ist: »Ich finde, dass Sie so gut darin sind, das und das zu machen … können Sie mir nicht zeigen, wie Sie das hinkriegen?«

Schämen Sie sich nicht dafür, dass Sie nachahmen. Fragen Sie unbedingt, wie andere es machen. Lernen Sie von anderen, und seien Sie großzügig damit, andere zu lehren. Nachmachen ist erlaubt. Und es ist erlaubt, neugierig zu sein – das ist sogar gut.

Es gibt eine Form der Großzügigkeit, die besonders schwer zu entwickeln ist: sich ehrlich über die Erfolge von anderen zu freuen. Manchmal vergleichen wir uns mit anderen und hoffen, dass sie scheitern werden, und zwar nur, um nicht das Gefühl haben zu müssen, so viel schlechter zu sein. Das kann bei der Arbeit, im Studium oder beim Sport geschehen – manchmal wollen wir einfach nicht, dass andere erfolgreicher sind als wir.

Doch in diesem Punkt kann man lernen umzudenken. Und wir sollten umdenken, denn wer keine großzügige Freude über die Erfolge anderer empfindet, gewinnt nichts. Es ist vielmehr so, dass die Umgebung unsere Missgunst spürt, ganz gleich, wie sehr wir sie zu verbergen versuchen oder (mit schlecht versteckter Schadenfreude) das Scheitern der anderen bedauern oder ihnen krampfhaft zu ihren Erfolgen gratulieren. Vergessen Sie nicht, dass Menschen um uns herum bessere Antennen haben, als wir ahnen.

Noch etwas kommt hinzu: Wenn wir uns über die Erfolge von anderen freuen, dann haben wir viel öfter Grund zur Freude, als wenn wir nur an unsere eigenen Erfolge denken.

Warum sollten wir großzügig sein? Warum sollten wir nicht als westlich geprägte Karrieristen, die wir oft sind, nur an uns denken und ignorieren, wie es den anderen geht? Können wir nicht einfach – um einen etwas drastischen Ausdruck zu verwenden – über Leichen gehen, um unseren eigenen Erfolg zu befördern?

Neben allen ethischen Überlegungen, sich anderen Menschen gegenüber fair zu verhalten, gibt es einen weiteren Grund, der uns vielleicht noch mehr motiviert, großzügig zu sein: Wir gewinnen selbst, wenn wir uns anderen gegenüber großzügig zeigen.

Wie ist es denn möglich, dass Großzügigkeit gegenüber unseren Mitmenschen dazu führen kann, dass wir selbst im Leben besser klarkommen? Ein Grund dafür ist, dass ein großzügiger Mensch nicht als Bedrohung für seine

Umwelt erlebt wird. Wenn Menschen keine Konkurrenz spüren, dann hören sie auf zu wetteifern und fangen stattdessen an zusammenzuarbeiten, was wiederum allen Freude bereitet.

Hinzu kommt: Wenn wir großzügig zu anderen sind, sind die anderen es auch uns gegenüber. Wie schon erwähnt, gibt es Studien, denen zufolge wir so beschaffen sind, dass wir uns den Großzügigen gegenüber großzügig zeigen. Auch wenn diese ihre Großzügigkeit an eine andere Person richten, geben sie doch zu dem Wunsch Anlass, sich ihnen gegenüber großzügig zu erweisen. Was man gibt, bekommt man auf die eine oder andere Weise zurück. Der Schriftsteller Mark Ortman hat gesagt: »Freundlichkeit kann man nur ganz schwer weggeben, denn man bekommt sie immer gleich wieder zurück.« Und nicht nur Freundlichkeit ist schwer wegzugeben, dasselbe gilt auch für die verschiedenen Formen der Großzügigkeit.

Ein dritter Grund dafür, anderen gegenüber großzügig zu sein, ist, dass wir es genießen. Unsere Gehirne sind so programmiert, dass es uns Zufriedenheit vermittelt, etwas Gutes für andere zu tun. Und viele Menschen sind der Meinung, dass es mehr Spaß macht, etwas zu verschenken, worüber sich der andere freut, als selbst ein schönes Geschenk zu bekommen.

Der vierte Grund ist schwerer zu greifen. Es ist, als gäbe es ein Naturgesetz, das dazu führt, dass Großzügigkeit und Wohlwollen anderen gegenüber eine Belohnung einbringen. Und das ist vielleicht auch gar nicht erstaunlich. Im Markus-Evangelium können wir lesen: »Wer der Erste sein will, soll der Letzte von allen und der Diener aller sein.« Natürlich wollen wir nicht der Sklave des anderen sein, und wir wollen uns auch nicht selbst völlig aufgeben, aber diese Worte enthalten dennoch eine Wahrheit: Wenn wir mit dem Ziel arbeiten, das Leben für andere ein wenig besser zu machen, dann wachsen wir auch selbst als Menschen. Wenn wir lernen, uns über die Erfolge anderer zu freuen, dann werden wir auch für das, was wir selbst zustande bringen, Anerkennung bekommen. So erhalten wir unsere Belohnung auf die eine oder andere Weise. Das ist Freundlichkeit in seiner besten Form – anderen zu dienen. Und gleichzeitig dienen wir damit auch uns selbst.

Großzügigkeit ist eine fantastisch gute Art, sein freundliches Wesen zu zeigen. Ich habe hier nur einige Möglichkeiten erwähnt, großzügig zu sein, natürlich gibt es noch viel mehr. Großzügigkeit bringt anderen etwas und auch uns selbst – eine Win-win-Situation. Seien Sie also großzügig, nicht nur um Ihrer selbst willen. Und vergessen Sie nicht: Am Ende zählt nicht der Grund, warum wir etwas Gutes für unsere Mitmenschen tun, sondern unsere Handlungsweise an sich.

Andere sehen

In den dreißiger Jahren besuchte der österreichische Arzt René Spitz ein Kinderheim, in dem viele Kinder mit nur sehr wenig Personal untergebracht waren, was dazu führte, dass die Kinder fast keine Aufmerksamkeit bekamen. Sie wurden sauber gehalten und bekamen Essen, hatten aber nur sehr wenig menschlichen Kontakt. Fast alle Kinder waren apathisch und unterentwickelt, und einige von ihnen waren immer schwächer geworden und gestorben, ohne dass man wusste, an welcher Krankheit sie gelitten hatten. Erstaunlicherweise gab es ein einziges Kind, dem es anscheinend gut ging, das wuchs und sich normal entwickelte. Spitz versuchte herauszubekommen, woran das lag. Es zeigte sich, dass eine der Putzfrauen im Schlafsaal sauber machte, wenn die Kinder schliefen. Wenn sie fertig geputzt hatte, setzte sie sich immer auf das Bett an der Tür, hob das Kind hoch, das im Bett lag, umarmte es und sprach mit ihm. Eine kurze Weile, jede Nacht. In diesem Bett lag jenes einzige Kind, bei dem keine Entwicklungsstörungen auftraten.

Spitz hat noch mehr interessante Forschungsberichte über Heimkinder verfasst. Er hat gezeigt, dass Kinder, die keinen Gefühlskontakt haben, sich langsamer entwickeln und später oft verfrüht sterben, im Gegensatz zu Kindern, die Aufmerksamkeit von ihrer Umwelt erhalten. Ob sich die eingangs wiedergegebene Geschichte so zugetragen hat, weiß man nicht, aber sie zeigt doch auf jeden Fall eine Wahrheit: Wir können viel für unsere Mitmenschen tun, indem wir sie beachten. Kinder müssen gesehen und geliebt werden, um wachsen und reif werden und sich zu verantwortungsvollen Individuen entwickeln zu können. Nur Essen und saubere Kleidung reichen nicht aus. Ohne Liebe verkümmern Heranwachsende sowohl körperlich als auch seelisch. Und wenn wir als Kinder nicht ausreichend wahrgenommen werden, besteht die Gefahr, dass wir als Erwachsene seelische Krüppel sind.

Nicht nur Kinder müssen Zuwendung erhalten, um innerlich wachsen zu können. Dasselbe gilt für Erwachsene. Auch wir verkümmern seelisch, wenn wir nicht gesehen werden. Wir können dann das in uns wohnende Potential nicht entwickeln. Von Sigmund Freud, dem Vater der Psychoanalyse, stammt der Satz: »Die Psychoanalyse ist in ihrem Wesen Heilung durch Liebe.« Und so ist es wohl: Wir können unseren Mitmenschen heilen, indem wir ihn wahrnehmen.

Haben Sie die folgenden Situationen schon einmal erlebt?

- Sie sprechen bei einem Abendessen mit einer Person und hören interessiert zu, wie sie von ihren Gedanken und Erfahrungen berichtet. Als Sie aufbrechen, hat sie nicht einmal nach Ihnen gefragt und weiß nichts von Ihnen.
- Sie erzählen jemand anders von einem Erlebnis aus Ihrem Leben. Sowie Sie schweigen, um Luft zu holen, erzählt der andere von einem ähnlichen Erlebnis (manchmal ist es auch gar nicht ähnlich) aus seinem eigenen Leben.
- Sie sprechen mit jemandem, der die ganze Zeit in eine andere Richtung schaut und mit den Gedanken offenkundig ganz woanders ist.
- Sie treffen jemanden, den Sie kennen, auf dem Flur und wollen gerade grüßen, als Sie feststellen, dass der andere auf den Fußboden starrt.

Die allermeisten haben eine oder mehrere dieser Situationen, in denen ein Defizit unserer Gesellschaft zum Ausdruck kommt, schon erlebt.

Jeder Tag besteht aus Begegnungen. Wir begegnen unseren Mitmenschen zu Hause, bei der Arbeit, in der Schule, im Bus, im Restaurant, beim Spaziergang, auf Festen, im Laden und so weiter. Jedes Mal entscheiden wir uns, was wir daraus machen wollen. Wir entscheiden, ob wir unserem Nächsten wie einem Objekt oder einem Menschen begegnen wollen.

Jeden Tag sprechen wir mit vielen Menschen. Manchmal währt das Gespräch nur wenige Minuten, manchmal mehrere Stunden. Da entscheiden wir, wie wir zuhören wollen. Wir können wählen, mit einem Ohr oder mit beiden Ohren zuzuhören, und wir können auch beschließen, mit dem Herzen zuzuhören.

Den anderen wirklich wahrzunehmen bedeutet, mit ganzer Aufmerksamkeit zugegen zu sein. Und dann werden wir in dieser Nähe zu unseren Mitmenschen und unserer Umwelt leben. Jeden Tag, bei vielen Begegnungen, von denen jede eine Möglichkeit birgt. Für den anderen und für uns selbst. Es nimmt nicht mehr Zeit in Anspruch, in diesen Begegnungen gegenwärtig zu sein, den anderen zu sehen und ihm zuzuhören, als man braucht, wenn man ihm nur routinemäßig entgegentritt.

Ein Kind kann uns auf natürliche Weise darum bitten, beachtet und versorgt zu werden. Wenn es nicht funktioniert, indem es sich »süß« verhält, dann kann es Zuwendung immer noch herbeischreien. Für Erwachsene ist das nicht so einfach. Wir können die Aufmerksamkeit von unserer Umgebung nicht verlangen. Das einzige Mittel, das uns zur Verfügung steht, ist, selbst Aufmerksamkeit zu schenken, und das bedeutet, andere Menschen wahrzunehmen.

Schon als kleine Kinder mussten wir Sätze hören wie: »Sei nicht so neugierig!« Aber warum sollte Neugier denn eine schlechte Eigenschaft sein? Schließlich ist sie eine der Voraussetzungen dafür, dass wir unsere Aufmerksamkeit auf einen anderen Menschen lenken und sein Innenleben verstehen. Das Problem mit der Gesellschaft, in der wir leben, ist nicht, dass es zu viel Neugier gäbe. Es gibt vielmehr entschieden zu wenig davon.

Manchmal kriegt man das Argument serviert, dass jemand zu müde sei. »Ich habe einfach keinen Nerv, zuzuhören« ist ein Satz, den alle kennen und manchmal auch schon selbst ausgesprochen haben. Aber das ist natürlich auch falsch. Wir verlieren keine Energie dadurch, dass wir uns anderen zuwenden. Vielmehr gewinnen wir Energie aus einer Begegnung, die wir so mitgestalten, dass sie bedeutungsvoll wird. Einen Menschen wahrzunehmen ist eine Form von Freundlichkeit. Und wie immer, wenn wir es mit der echten Freundlichkeit zu tun haben, gewinnen wir selbst dabei.

Am Ende möchte ich noch einen Auszug aus einem Gedicht von Tomas Tranströmer zitieren, der von dem Erstaunlichen handelt, das in einer Begegnung geschehen kann:

»Es geschieht, wenn auch selten,
dass einer von uns den anderen wirklich sieht:
Einen Moment lang zeigt sich ein Mensch
wie auf einer Fotografie, aber klarer,
und im Hintergrund
etwas, das größer ist als sein Schatten.«

Konflikte

Das Wort »Konflikt« leitet sich aus dem lateinischen Wort »conflictus« ab, das »Zusammenstoß« bedeutet. Im Lexikon wird es mit »Gegensatz, der eine Lösung erfordert« definiert.

Wir alle können in Konflikte geraten: bei der Arbeit, in der Schule, in unserer Familie, mit unseren Freunden, im Stoßverkehr. Es heißt manchmal, Konflikte seien konstruktiv, und Streit und starke Gegensätze seien notwendig und wichtig, weil sie uns die Möglichkeit gäben, an ihnen zu wachsen.

Dieser Meinung bin ich nicht. Meiner Ansicht nach sind Konflikte in der Regel destruktiv. Der Austausch von Ansichten, heiße Diskussionen und Debatten können sehr wohl konstruktiv sein. Unterschiedliche Auffassungen und Kompromisse geben oft Anlass, sich weiterzuentwickeln. Aber Konflikte, die nur böses Blut schaffen, zerstören mehr, als sie aufbauen.

Deshalb gibt es bei Konflikten in der Regel nur Verlierer. Das Einzige, was wir aus ihnen lernen können, ist, wie wir sie in Zukunft vermeiden.

Wie sollen wir dann mit den potentiellen Konflikten umgehen, in die wir früher oder später geraten? Ein Schlüssel dazu, wie wir in diesen Situationen agieren können, gab mir mein jüngster Sohn, als er drei Jahre alt war. Er und sein großer Bruder hatten sich mehrere Stunden lang gestritten, als meine Frau und ich beschlossen, jetzt mal pädagogisch einzugreifen. Wir bestimmten, dass sie abends kein Fernsehen schauen dürften, sondern früh ins Bett gehen müssten. Als wir ihnen unseren Beschluss mitteilten, protestierten sie natürlich lautstark, aber wir ließen uns nicht beirren. Hier sollte Erziehung stattfinden, und beide Kinder mussten ohne Fernsehen ins Bett gehen. Nach einer kleinen Weile kam unser ältester Sohn ins Wohnzimmer und sagte: »Ihr seid doof!« »Ja, ja«, antworteten wir. »Geh ins Bett.«

Kurz darauf erschien sein kleiner Bruder, und wir waren auf ungefähr den gleichen Kommentar gefasst, doch er sagte stattdessen: »Ich hab euch lieb!« Unsere Herzen schmolzen sogleich, wir brachen unser Erziehungsprojekt ab, und er rettete so den Fernsehabend nicht nur für sich, sondern auch für seinen Bruder.

Was hatte nun mein dreijähriger Sohn verstanden – im Gegensatz zu vielen Erwachsenen, die es anscheinend nie begreifen? Ja, dass man Konflikte am besten mit einem Maß an Freundlichkeit, Toleranz und – warum nicht? – Liebe regelt.

Diese Möglichkeit haben wir alle. Wir können alle versuchen, einem aggressiven Ausbruch freundlich und sachlich zu begegnen und zu beobachten, wie sich ein potentieller Konflikt in Nichts auflöst und wir als Sieger dastehen. Nicht als Sieger in dem Konflikt, denn den haben wir ja vermieden, sondern als Sieger über uns selbst.

Natürlich gibt es auch hier einige Ausnahmen, doch grundsätzlich gilt: Es zahlt sich fast nie aus, einen Konflikt heraufzubeschwören, weshalb wir um unserer selbst wie auch um der anderen willen versuchen sollten, den nächsten auftauchenden Konflikt zu vermeiden. Ich sage nicht, dass wir vor aufkeimenden Konflikten fliehen, sondern dass wir sie mit größerer Klugheit angehen sollten.

Vor einem drohenden Konflikt sollten wir uns pragmatisch verhalten. Da muss man sich selbst die Frage stellen: Wohin will ich eigentlich kommen, und wie erreiche ich mein Ziel? Die selbstverständliche Antwort ist fast immer, dass wir nicht noch einen Feind haben wollen, denn dabei verlieren wir mit Sicherheit.

Bei dem Konflikt kann es darum gehen, wer zu Hause mehr spült und putzt, welche Entscheidungen wir im Job treffen müssen, wie lange unsere Kinder abends ausgehen dürfen oder ob wir von einem Freund betrogen wurden. Der Konflikt kann gelöst werden, wenn wir einen Kompromiss vorschlagen, mit dem alle leben können, und eine gute Lösung beinhaltet niemals, dass wir als Feinde auseinandergehen.

Wir sollten auch versuchen, den Streitpunkt von verschiedenen Seiten zu betrachten und die ganze Problematik einmal aus dem Blickwinkel des anderen zu sehen. Wenn ich medizinische Ethik unterrichte, mache ich mit den Kursteilnehmern manchmal eine Übung. Sie bekommen ein ethisches Dilemma präsentiert, müssen die Verteidigung eines Standpunktes vorbereiten und hinterher mit einem anderen Teilnehmer debattieren, der die entgegengesetzte Ansicht vertritt. Dann werden die Rollen getauscht. Dies führt oft dazu, dass wir das Dilemma aus einer umfassenderen Perspektive heraus verstehen.

Manchmal verrennen wir uns aus mehr oder weniger obskuren Gründen in einen Standpunkt und sind dann unfähig, die Sehweise zu verändern. Ist man geübt darin, die Perspektive zu wechseln, dann steigert das nicht nur die Möglichkeiten, den Konflikt zu lösen, sondern auch unsere eigene Klugheit.

Sich in die Situation und Perspektive des anderen zu versetzen hat den Vorteil, dass wir dadurch unsere Möglichkeiten, den anderen wirklich zu sehen, vergrößern. Eine unendliche Anzahl von Konflikten gründet nämlich darin, dass Menschen sich nicht richtig wahrgenommen fühlen.

Oft treibt uns bei einem Konflikt der Wunsch, dass der andere sich in seinen Ansichten und in seiner Art zu sein verändern möge. Das kann vor allem in Beziehungen der Fall sein, in denen man dicht beieinander lebt, zum Beispiel in der Familie. Doch haben sich schon viele vorgenommen, einen anderen Menschen zu verändern, und sind dabei kläglich gescheitert.

Im Grunde genommen können wir einzig und allein uns selbst ändern. Und das Erstaunliche ist, dass dabei unser eigenes verändertes Verhalten auch eine Veränderung bei unserem Gegenüber bewirkt. Der Mensch kann sich ändern, doch tut er dies nicht, wenn es ihm jemand befiehlt, sondern nur, wenn er selbst entscheidet, dass er sich verändern will, und nachdem er die Inspiration dazu von der Umwelt erhalten hat.

Es ist eine wohlbekannte Tatsache, dass wir es mit denen am schwersten haben, die Eigenschaften besitzen, die wir selbst in uns tragen. Das bedeutet eine fantastische Möglichkeit, denn schließlich haben wir die Wahl. Entweder benutzen wir unsere Verärgerung oder Wut, um unseren Aggressionen freien Lauf zu lassen und unseren

Mitmenschen damit zu überfallen. Oder wir wenden diese Gefühle an, um uns selbst besser zu verstehen. Was sind das für störende Eigenschaften, die mein Gegenüber hat? Kann ich etwas an dem ändern, was mir an ihm, aber auch an mir so offensichtlich nicht gefällt?

Im Buddhismus heißt es, dass wir unseren Feinden dankbar sein sollen, weil sie uns Toleranz und Selbsteinsicht lehren. Und so ist es auch. Jedes Mal, wenn wir auf einen Konflikt zusteuern, nähern wir uns auch einer Möglichkeit: uns selbst besser zu verstehen und uns in der schweren Kunst zu üben, unseren Mitmenschen auf freundliche Weise zu begegnen. Es ist ohne Frage besser, den Konflikt als eine Herausforderung zu sehen, an der wir wachsen können, als sich von den schlechten und primitiven Gefühlen hinreißen zu lassen, die viele von uns vor einem Streit empfinden.

Es gibt keinerlei Hinweise darauf, dass wir Aggressionen durch Schreien oder Streiten oder Wutausbrüche loswerden. Es ist nicht so, dass sich die Aggression ansammelt und dann durch ein Sicherheitsventil entweicht, wenn wir nur ein wenig schreien und unseren Nächsten gegenüber ein wenig gemein sein dürfen. Vielmehr zeigen viele Untersuchungen, dass sich die Wut eher verstärkt, wenn wir unserer Aggression freien Lauf lassen.

Eine Möglichkeit, unsere aufgewühlten Gefühle zu besänftigen, ist die körperliche Anstrengung. Wir können ein paar Kilometer joggen, eine Runde Aerobic einlegen oder auf einen Sandsack einschlagen. Man könnte meinen, dass sich danach Erleichterung einstellt, weil wir unsere Aggressionen ausagiert haben. Doch wahrscheinlich haben wir diese Erleichterung eher der sich nach der sportlichen Betätigung einstellenden Müdigkeit und der gleichzeitigen Freisetzung von Endorphinen (die uns ein Lustgefühl verschaffen) zu verdanken.

Eine andere Möglichkeit ist, dass wir diese Energie in eine andere Richtung lenken. Wir können unsere Wut nämlich konstruktiv kanalisieren, indem wir diese ungeheure Kraft in etwas Wertvolles verwandeln. Wir können entscheiden, wofür wir diese Energie verwenden wollen. Vielleicht um Mitgefühl für den Kontrahenten zu entwickeln. Vielleicht um zu größerer Selbsteinsicht zu gelangen. Vielleicht um zu planen, wie wir das Problem lösen können, das der Konflikt mit sich bringt. Das ist nicht leicht, aber es funktioniert – wenn wir uns dafür entscheiden, diesen Weg zu gehen. Und es ist ein fantastisches Gefühl, sich von negativen Emotionen zu befreien, die nur eine qualvolle Belastung darstellen.

Sollen wir in Konflikten immer freundlich sein? Gibt es nicht auch Situationen, in denen es richtig ist, einen Streit auszufechten? Natürlich gibt es solche Situationen. Wenn wir sehen, dass jemand auf der Straße überfallen wird, dann ist es unangebracht, mit dem Täter nette Worte zu wechseln. Wenn ein Völkermord geschieht, sollten unsere Politiker nicht nur über wirtschaftliche Sanktionen nachdenken. Es gibt, wenn sie auch selten sind, Situationen in denen wir kraftvoll agieren müssen. Aber es gibt auch ein Danach, wo wir tun müssen, was wir können, um gute Beziehungen zu schaffen. Ein Beispiel dafür, wie falsch man handeln kann – und wie richtig –, ist, wie die beiden Weltkriege beendet wurden.

Nach dem Ersten Weltkrieg wurde in Versailles ein Friedensvertrag unterzeichnet, der ein entmilitarisiertes Deutschland mit verlorenem Gebiet, einer großen wirtschaftlichen Schuld gegenüber der Umwelt und einem zutiefst gekränkten Selbstwertgefühl zurückließ. Diese Kränkung führte am Ende zum Nationalsozialismus und zum Zweiten Weltkrieg mit seinen ungeheuerlichen Verlusten an Menschenleben.

Nach dem Zweiten Weltkrieg unternahmen die USA eine große Anstrengung, um Deutschland und den Rest von Westeuropa wieder aufzubauen. Der Marshallplan trug dazu bei, eine wirtschaftliche und soziale Infrastruktur zu schaffen, die es dem besiegten Land ermöglichte, sein Selbstwertgefühl zu kurieren und einen neuen Platz in der Reihe der Nationen einzunehmen. Und die Hilfe für die europäischen Staaten führte wiederum zu Gewinnen für die amerikanische Wirtschaft.

Auch hier haben wir es mit einer Freundlichkeit zu tun, die mit einer allen Parteien dienenden großen Portion Fürsorge verbunden ist. Wir können die meisten Konflikte vermeiden oder lösen, und das ist etwas, von dem alle profitieren. Bei negativen Gefühlen für unsere Mitmenschen verlieren wir selbst am allermeisten. Und wenn wir versuchen, anderen zu schaden, dann ist es am Ende doch meist so, dass wir uns damit selbst Schaden zufügen.

Gefühle der Verbitterung, verletzter Stolz und Wut sind keine Emotionen, die wir als angenehm empfinden.

Und das Fantastische ist, dass wir uns selbst aus dieser negativen Art, die Welt zu erleben, befreien können. Der erste Schritt ist dabei der wichtigste – dass wir uns dafür entscheiden, nicht länger so fühlen zu wollen.

Wir alle tragen einen Ballast an alten Ungerechtigkeiten mit uns herum, solche, die wir anderen zugemutet haben, und solche, denen wir selbst ausgesetzt waren. Manchmal haben sich diese Ungerechtigkeiten vor vielen Jahren ereignet, aber die Verbitterung ist immer noch da.

Eine buddhistische Erzählung berichtet von zwei Mönchen, die durch einen Fluss waten wollten. An der Einstiegsstelle stand eine junge Frau, die nicht wusste, wie sie auf die andere Seite kommen sollte. Einer der Mönche erbot sich, sie auf seinen Schultern hinüberzutragen. Der andere Mönch fand es unziemlich, dass er auf diese Weise mit dem Körper einer Frau in Kontakt kommen würde, sagte aber nichts. Als sie wohlbehalten auf der anderen Seite angekommen waren und die Frau dem Mönch für seine Hilfe gedankt hatte, wanderten sie schweigend weiter. Gegen Abend ergriff schließlich der andere Mönch das Wort und machte seinem Kollegen Vorwürfe, weil dieser die Frau über den Fluss getragen hatte. Darauf schaute der erste Mönch den zweiten erstaunt an und sagte: »Trägst du immer noch an ihr? Ich selbst habe sie schon vor einigen Stunden abgesetzt.«

Verbitterung und Aggressivität werden zu einer Last, die wir durch unser ganzes Leben schleppen, wenn wir nicht mit diesen Gefühlen aufräumen. Auch die erbittertste Feindschaft zwischen Menschen und Gruppen kann durch

Versöhnung in ihr Gegenteil umschlagen. Langjähriger Zwist zwischen Familienmitgliedern ist schon in Nähe und Gemeinschaft verwandelt worden. Lang andauernden Kriegen folgten enge Zusammenarbeit und Verständnis füreinander. Aber dazu braucht man einen Prozess des Verzeihens und der Versöhnung.

Im Jahre 1990 wurde Nelson Mandela nach siebenundzwanzig Jahren Gefängnis freigelassen. Das Apartheidregime Südafrikas war an seinem Ende angelangt, und es sollten demokratische Wahlen stattfinden. Es zeigte sich, dass Mandela in mehr als einer Hinsicht nach den Jahren im Gefängnis ein freier Mann war. Er war nicht verbittert oder auf Rache bedacht, sondern konzentrierte sich auf die Zukunft. Dann wurde er zum Präsidenten gewählt und erhielt im Jahre 1993 den Friedensnobelpreis. Mandela war gewillt, seinen Widersachern zu verzeihen und sich mit ihnen zu versöhnen, und ist somit zu einem Vorbild für alle geworden, die Ungerechtigkeit und Verfolgung ausgesetzt waren.

Manchmal widerstrebt es einem, um Verzeihung zu bitten. Es kann auch sehr schwer sein zu verzeihen. Sich mit dem zu versöhnen, was geschehen ist, erfordert oft eine immense innere Arbeit. Doch wenn wir es schaffen, diesen Schritt zu tun, dann sind wir am Ende selbst der größte Gewinner, auch wenn es viele Jahre gedauert hat, dorthin zu gelangen. Solche alten Konflikte binden viel Kraft. Wenn wir uns entscheiden, sie zu beenden, dann wird diese Kraft frei und kann in andere und wichtigere Dinge investiert werden. Um Verzeihung zu bitten und zu verzeihen macht uns zu freieren Menschen. Wenn wir uns mit dem versöhnen, was geschehen ist, wachsen wir als Individuen.

Mitgefühl

Es gibt eine Untersuchung darüber, wie Menschen behandelt werden wollen, die unter einer schweren Krebserkrankung leiden. Eine der Fragen lautete, ob man willens sei, sich einer intensiven Chemotherapie mit schweren Nebenwirkungen zu unterziehen, wenn es eine Heilungschance gäbe, und wie gering diese Chance sein müsse, damit man die Behandlung ablehnen würde. Wenn man gesunde Personen fragte, dann war die durchschnittliche Antwort, dass sie von der Behandlung Abstand nehmen würden, wenn die Chance, durch die Therapie geheilt zu werden, nicht mindestens 50 Prozent betrüge. Dann stellte man dieselbe Frage Patienten mit Krebs, bei denen die Therapie bald beginnen sollte, und sie antworteten, dass ihnen eine Heilungschance von einem Prozent genügen würde.

Diese Untersuchung zeigt, dass wir uns, solange wir gesund sind, nicht vorstellen können, eine Therapie einzugehen, wenn die Chancen auf Heilung nicht groß sind. Aber wenn wir Krebs bekommen, denken wir ganz anders. Wir ergreifen jede Möglichkeit, gesund zu werden, weil die Hoffnung in der Regel zuletzt stirbt.

Somit beurteilen wir die gleiche Situation in unterschiedlichen Stationen unseres Lebens verschieden, und manchmal können wir uns nicht einmal vorstellen, wie wir in einer anderen Lebenssituation reagieren würden. Wir können Menschen fragen, was sie täten, wenn sie vor einem brennenden Haus stünden und feststellten, dass sich in dem Haus ein kleines Kind befindet. Würden sie unter Einsatz des eigenen Lebens hineinrennen und versuchen, das Kind zu retten? Die Wahrheit ist, dass wir, ehe wir nicht vor dem brennenden Haus stehen, nicht wissen, wie wir uns verhalten würden.

In unserem täglichen Leben stehen wir ständig in Beziehung zu anderen Menschen. Und wir wollen alle nach den Bedürfnissen, die wir haben, behandelt werden. Doch wenn wir nicht einmal wissen, wie wir selbst in einer anderen Situation unseres Leben denken werden, wie sollen wir uns dann in die Gefühle und Gedanken eines anderen Menschen versetzen können? Zu einem anderen zu sagen: »Ich weiß genau, wie du dich fühlst«, ist eine Form der Intoleranz, da dieser Satz den Glauben an eine identische innere Welt in uns allen voraussetzt, eine Annahme, die nun einmal nicht den Tatsachen entspricht. Doch es ist unsere Aufgabe, den anderen so gut es geht zu verstehen.

Wie ich zuvor schon gezeigt habe, kann es im Denken der Menschen auch große kulturelle Unterschiede geben. Fons Troompenaars hat untersucht, wie Menschen ihr Verhalten in der folgenden fiktiven Situation einschätzen würden: »Sie sitzen bei einem guten Freund im Auto. Er fährt einen Fußgänger an. Sie wissen, dass er in einer Gegend, wo Tempo dreißig vorgeschrieben ist, mindestens fünfzig Stundenkilometer fuhr. Es gibt keine Zeugen. Sein Anwalt sagt, dass Sie ihn vor ernsthaften Folgen bewahren können, wenn Sie unter Eid aussagen, er sei nur dreißig gefahren.«

In den USA und in den meisten westeuropäischen Ländern antwortete eine große Mehrheit, dass sie nicht unter Eid lügen würden, um den Freund zu retten. In Schweden waren es nur acht Prozent, die sich vorstellen konnten, unter diesen Umständen einen Meineid zu leisten. In Frankreich waren es hingegen 27 Prozent, und zum Beispiel in Russland oder Venezuela antworteten mehr als die Hälfte, dass sie lügen würden, um ihren Freund zu retten. Auch in anderen Untersuchungen hat man ähnliche Unterschiede im Denken festgestellt.

Dieselben Menschen denken in unterschiedlichen Situationen ihres Lebens verschieden, ebenso Menschen in unterschiedlichen Gesellschaften und Menschen aus unterschiedlichen Kulturen. Es geht nicht darum, wer recht oder unrecht hat. Es ist nur so, dass die Art des Menschen zu denken von Gesellschaft zu Gesellschaft divergiert. Diese Tatsache unterstreicht, wie wichtig es ist, nicht davon auszugehen, alle seien so wie wir. Stattdessen müssen wir versuchen, uns in die Welt eines anderen Menschen hineinzuversetzen.

Aber wie stellen wir das an? Es gibt nur zwei Möglichkeiten für uns, die Gedanken, Gefühle und Bedürfnisse eines anderen Menschen zu verstehen. Die eine besteht darin, zu fragen, wie der andere denkt und behandelt werden will. Die andere ist, die Gedanken und Gefühle des Menschen, der einem gegenübersteht, nachzuvollziehen. Diese Fähigkeit des Einfühlens – Empathie, Mitgefühl – besitzen grundsätzlich alle Menschen, wenn auch mehr oder weniger ausgeprägt. Es nützt jedem, diese Fähigkeit zu entwickeln, denn sie schafft die Voraussetzungen, unseren Mitmenschen auf die beste Weise zu begegnen, sowohl bei der Arbeit, als auch in der Familie und unter Freunden.

In der oben beschriebenen Studie wurden auch Allgemeinärzte und Krankenschwestern befragt, wie sie selbst als Betroffene einer Krebstherapie gegenüber eingestellt wären. Die durchschnittliche Antwort der Krankenschwestern war, dass sie es ablehnen würden, wenn die Heilungschancen nicht mindestens 50 Prozent betragen würden, während die Ärzte diese Ziffer mit 25 Prozent angaben.

Natürlich wäre es unverantwortlich, wenn die Pflegebediensteten die Patienten so behandeln würden, wie sie selbst behandelt werden wollten. Stattdessen benötigen sie die Fähigkeit, sich in die Bedürfnisse der Patienten und ihre innere Welt einzufühlen.

Wir alle wollen mit Fürsorge und Respekt behandelt werden, und deshalb ist es so wichtig, dass wir unserer Umgebung auf dieselbe Weise begegnen. Und Mitgefühl ist eine Fähigkeit, die wir im Verlauf unseres Lebens weiterentwickeln können, wenn wir nur beschließen, mitfühlender werden zu wollen.

Wie können wir üben, mehr Mitgefühl zu empfinden? Es gibt unterschiedliche Methoden, seine empathischen Fähigkeiten zu entwickeln. Hier einige Möglichkeiten:

Der erste und größte Schritt, ein mitfühlenderer Mensch zu werden, ist die Entscheidung, dies anzustreben. Wenn dieser Entschluss gefasst ist, können wir alle Tage darauf verwenden, unsere Empathie weiter auszubilden. Jede Begegnung ist ein Übungsfeld, und jeder Tag besteht in der Regel aus vielen Begegnungen.

Die zweite Möglichkeit ist, sich während der Begegnung mit einem anderen Menschen in dessen Welt hineinzuversetzen und sich zu fragen: Wie denkt er? Was erwartet er von mir? Was ist wichtig für ihn? Und wenn man selbst versucht hat, auf diese Fragen zu antworten, dann fragt man ihn, was in ihm vorgegangen ist. Auf diese Weise erhalten wir ein Feedback, und wie immer, wenn wir üben, brauchen wir Feedback, um uns weiterzuentwickeln. Und machen Sie sich nicht zu viele Sorgen, dass der andere Sie für naseweis halten könnte. Die meisten Menschen sprechen gern von sich selbst.

Im Buddhismus gibt es Meditationstechniken, die direkt darauf abzielen, mehr Mitgefühl und Empathie zu erlangen. Mit diesen Techniken lernt man unter anderem, gut von seinen Mitmenschen zu denken und sich mit ihnen zu identifizieren. Meditation ist unter den Menschen der westlichen Welt eine unterschätzte Disziplin. Sie kann uns nicht nur zu größerer Empathie, sondern auch zu Ruhe, Kraft und Erkenntnis verhelfen.

Die oben beschriebene Methode, bei der wir in einer Diskussion die Rollen tauschen und für die völlig entgegengesetzte Ansicht argumentieren, ist eine andere Technik, um unser Einfühlungsvermögen zu entwickeln. Wenn wir bewusst versuchen, uns in die Denkungsart eines anderen Menschen hineinzuversetzen, dann üben wir uns gleichzeitig in Empathie.

Letztendlich geht es hier um Selbstgefühl. Auch wenn

es Unterschiede zwischen den Menschen gibt, denken wir doch oft auf eine ähnliche Weise. Wenn wir unsere eigene innere Welt kennen, dann wissen wir gleichzeitig auch mehr über die Bedürfnisse, Wünsche und Probleme unserer Mitmenschen. Vergessen Sie aber nie, dass man nicht alle Menschen über einen Kamm scheren kann.

Seine empathischen Fähigkeiten zu entwickeln ist keine kleine Aufgabe. Es ist ein ständiges Bemühen und man wird das Training nie beenden, doch lohnt es sich, diese Herausforderung anzunehmen.

Verantwortung

Wir tragen in unserem Leben für vieles Verantwortung – somit ist es eigentlich nichts Besonderes, zu sagen, dass wir Verantwortung übernehmen müssen. Ich spreche hier aber von der kleinen zusätzlichen Verantwortung, die über das Gewöhnliche hinausgeht. Es geht darum, Erwartungen zu übertreffen. Im Englischen gibt es ein Wort, das diese kleine zusätzliche Leistung präzise benennt: »overdelivery«, eine Bezeichnung, für die im Schwedischen [wie auch im Deutschen, *Anm. d. Übers.*] typischerweise keine wirklich passende Entsprechung existiert.

Unsere Familie verbrachte vor einigen Jahren Zeit in einem Hotel in Italien. Es war ein sehr gut geführtes Haus, doch gab es noch ein besonderes Erlebnis, das uns mit Freude erfüllte. Unsere Kinder hatten eine ganze Tasche Kuscheltiere mitgebracht, die wir auf unserer Reise von Ort zu Ort mitschleppten. Als wir nach einem Tag am

Strand in unsere Zimmer zurückkehrten, sahen wir, dass die Putzfrauen sauber gemacht hatten. Und sie hatten noch mehr gemacht. Sie hatten alle Kuscheltiere in einem Kreis auf dem Bett aufgestellt, so dass es aussah, als hielten sie eine Konferenz ab. Die Kinder waren entzückt, wir Erwachsenen ebenso.

Als wir am nächsten Tag ins Hotelzimmer zurückkehrten, rannten die Kinder gleich hinein, und sie wurden nicht enttäuscht. Die Putzfrauen hatten wieder die Zimmer tadellos sauber gemacht, und dann hatten sie die Tiere alle hintereinander auf dem Fußboden aufgestellt, so dass es schien, als bildeten sie einen Zug. Ein Kuscheltier nahm nicht an dem Zug teil – es stand mit einer Zahnbürste in der Tatze im Badezimmer.

Was hatten die Putzfrauen gemacht? Sie hatten ihre Arbeit tadellos erledigt. Und dann hatten sie noch ein paar Prozent mehr zuwege gebracht. Es hatte sie wenig Zeit und Kraft gekostet, doch es hatte unserer Familie große Freude bereitet (und darüber hinaus den Bediensteten ein gutes Trinkgeld beschert). Das nennt man »overdelivery«.

Während ich mehrere Jahrzehnte als Vorgesetzter tätig gewesen bin, habe ich unter anderem gelernt, dass man Mitarbeiter in drei Gruppen einteilen kann. Die Mitarbeiter der ersten Gruppe kommen einem erteilten Auftrag nicht zur vollkommenen Zufriedenheit nach. Diese Gruppe ist klein. Dann gibt es eine große Gruppe, die die Aufgaben, die sie bekommt, absolut angemessen und oft geradezu perfekt ausführt. Und dann gibt es eine kleine Gruppe, die eine Aufgabe zuverlässig zu hundert Prozent erfüllt – und noch ein paar Prozent obendrauf legt. Diese Gruppe ist auf dem Weg zum Erfolg.

Sollen wir also fünf Stunden zusätzlich in der Woche arbeiten, um Erfolg zu haben? Nein, »overdelivery« bedeutet nicht, alles an sich zu reißen, und man hat auch das Recht, manchmal nein zu sagen. Aber was man annimmt, das soll man auch richtig gut machen. Das gilt bei der Arbeit, in der Familie oder bei Freunden; wir sollten die Verantwortung tragen, die wir übernommen haben, und dann noch etwas mehr dazugeben.

Die Handlungen eines jeden Menschen haben Bedeutung und breiten sich wie Ringe auf dem Wasser aus. Somit hat alles, was wir tun nicht nur für unsere nächste Umgebung Konsequenzen, sondern auch für eine unendliche Zahl anderer Menschen. So gesehen ist unsere Verantwortung für unsere Umwelt sehr groß. Und wir selbst sind es, die bestimmen, ob wir uns diese Verantwortung zu eigen machen wollen.

Vorbilder

Von Kindesbeinen an lernen wir von unseren Vorbildern, die wir nachahmen. Wenn wir lernen, dass es in Ordnung ist, dass andere schreien, wenn sie wütend sind, dann schreien wir auch, wenn wir wütend sind. Wenn wir lernen, dass es gut ist, nicht großzügig zu sein, dann lernen wir selbst, nicht großzügig zu sein. Wenn wir erleben, dass es akzeptiert ist, keine Rücksicht zu zeigen, dann lassen wir selbst auch keine Rücksicht walten. Und wenn wir sehen, dass unsere Umgebung uns und andere mit Respekt, Freundlichkeit und Fürsorge behandelt, dann lernen wir ebenfalls, mit anderen auf dieselbe gute Weise umzugehen. Wir haben Rollenmodelle, denen wir nachstreben – Eltern, Geschwister, Freunde, Lehrer und andere.

Nun sollte man nicht glauben, das sei anders, wenn man erwachsen wird. Wir haben dann immer noch unsere Rollenmodelle, denen wir, bewusst oder unbewusst, nachzueifern versuchen. Ein Vorgesetzter, zu dem wir aufschauen, ein Partner, eine berühmte Persönlichkeit oder ein enger Freund kann so ein Vorbild sein. Es ist jedoch wichtig, dass wir unsere Rollenmodelle mit Sorgfalt aussuchen. Doch ebenso wichtig ist es, dass wir selbst als Vorbilder für andere dienen. Wir sind die Vorbilder, die andere anstreben und nach denen sie sich formen und entwickeln. Das können unsere Kinder, unsere Arbeitskollegen und unsere Freunde sein. Wir sind von Menschen umgeben, die zu uns aufschauen und die uns nacheifern wollen.

Ein Vorbild für andere zu sein ist eine große Verantwortung, die wir in unserem Leben tragen. Es ist ja schließlich nicht so, dass andere etwas in einer bestimmten Weise tun, weil wir ihnen sagen, wie sie sich verhalten sollen. Viel häufiger kommt es vor, dass sie sich auf eine bestimmte Weise verhalten, weil sie es so bei anderen gesehen haben.

Es kann auch negative Konsequenzen haben, dass wir einander als Vorbilder dienen. Man hat die Fähigkeit von Medizinstudenten untersucht, eine von Mitgefühl getragene Haltung gegenüber den Patienten auszubilden. Es zeigte sich, dass sich das empathische Vermögen in manchen Kursen verringerte. Das beruhte darauf, dass bestimmte Ärzte, die die Studenten als ihre Vorbilder betrachteten, eine nicht-empathische Haltung einnahmen.

Ein gutes Vorbild – in der Familie, in der Schule, bei der Arbeit – kann für seine Umgebung Großes vollbringen. Ein freundliches und gutes Verhalten kann auf diese Weise viele Ringe auf dem Wasser verursachen. Das gilt nicht zuletzt für Vorgesetzte, die erleben können, wie sich ein vorbildliches Verhalten in der gesamten Organisation ausbreitet.

Der Schriftsteller Malcolm Gladwell beschreibt in seinem Buch »Tipping Point. Wie kleine Dinge Großes bewirken können«, auf welche Weise in menschlichen Gesellschaften Veränderungen vor sich gehen. Sein Schluss lautet, dass Veränderungen im Verhalten oft dadurch geschehen, dass bestimmte Schlüsselpersonen zu einem bestimmten Zeitpunkt auf eine bestimmte Weise handeln und dass sich dieses veränderte Verhalten wie eine Epidemie durch die gesamte Gesellschaft fortpflanzt.

Ein Beispiel dafür ist, dass sich die Kriminalität in New York während der neunziger Jahre in dramatischer Weise verringert hat. Unter anderem sank die Anzahl verübter Morde um zwei Drittel und die der sonstigen Gewalttaten um die Hälfte. Zu einem Teil kann das daran liegen, dass der Handel mit Drogen, vor allem Crack, abgenommen hatte und die Arbeitslosigkeit gesunken war, doch genügt dies nicht als Erklärung für die gravierenden Veränderungen. Eine große Bedeutung in diesem Prozess wird dem

Umstand beigemessen, dass manche Personen in entscheidenden Positionen eine spezielle Strategie wählten, um mit der Situation umzugehen. Anstatt sich auf die großen Verbrechen zu konzentrieren, beschlossen sie, sich um eher alltägliche Probleme wie Zerstörungen, Verschmutzungen, Wandschmierereien und Schwarzfahren in der U-Bahn zu kümmern.

Damit sandten sie das Signal aus, dass die Toleranz für alle Verbrechen gleich null sei. Und als mehr oder weniger kriminell belastete Protagonisten einsahen, dass Verbrechen sich nicht lohnten, breitete sich dieses Denken wiederum wie eine Epidemie aus. Das hatte zur Folge, dass alle Menschen in immer größerem Maße begannen, Gesetze und Regeln zu befolgen.

So kann das Verhalten einzelner Menschen unter besonderen Umständen zu einer markanten Verhaltensveränderung führen. Das Fantastische an diesem Gedanken ist, dass ein Mensch offenbar tatsächlich die Welt verändern kann.

Man kann die Menschen in zwei Gruppen einteilen: die Stiftgeber und die Stiftnehmer. Die Stiftgeber sind die, deren Stifte immer verschwunden sind und die ständig nach einem neuen Stift suchen müssen. Die Stiftnehmer dagegen tragen stets zehn Stück mit sich herum, und auch auf ihrem Schreibtisch wimmelt es von Stiften, die andere Menschen aus unbekanntem Grund bei ihnen »vergessen« haben.

Doch die Menschheit besteht auch aus Energiegebern und Energienehmern. Energienehmer stehlen unsere Kraft, ohne jedoch dabei stärker zu werden. Energiegeber geben uns ihre Kraft, jedoch ohne selbst schwächer zu werden. Wir können selbst wählen, welchen Weg wir einschlagen wollen – und wir können uns alle dafür entscheiden, eine Quelle der Kraft und ein Vorbild für andere, ein Energiegeber, zu werden.

Wir sehen die anderen, und die anderen sehen uns. Wir ahmen andere nach, und andere ahmen uns nach. Wir beeinflussen das Leben von vielen, und viele beeinflussen uns. Es ist eine große Aufgabe, Vorbild und (Mit-)Mensch zu sein.

Ist es einfach, sich zu ändern?
Über Selbsteinsicht und Entwicklung

Ein Mensch ist weder eindimensional noch statisch. Wir sind nicht unveränderlich und hart. Ein Mensch ist wie ein Kristall. Wir zeigen verschiedene Spektren unserer Persönlichkeit, je nachdem, welche Seite beleuchtet wird. Ein Mensch hat tausend Saiten auf seinem Instrument, und wir bestimmen selbst, welche wir in einem bestimmten Moment anschlagen wollen. Das bedeutet, dass wir sagen können »Ich bin immer ich selbst« und das auch wirklich meinen, während wir gleichzeitig, je nachdem, wie die Umstände sind, ein sehr unterschiedliches Verhalten an den Tag legen.

Das wiederum heißt, dass wir unsere Persönlichkeit nicht ändern müssen. Es geht mehr darum, zu entscheiden, welche Aspekte unserer Persönlichkeit wir am stärksten hervorleuchten lassen wollen. Andere Menschen können wir nicht ändern, aber wir können uns selbst ändern, und in der Hinsicht ist unsere Macht uneingeschränkt.

Es ist wichtig, dass wir dabei ein paar einfache Dinge bedenken, die wir gern vergessen:

- Wir sind immer ein Teil der Probleme, die uns begegnen
- Wir haben große Macht, zu ihrer Lösung beizutragen
- Auf dem Weg dorthin können wir viel lernen und somit als Individuen wachsen

Wenn wir wollen, dass Dinge in unserem Leben anders werden, dann müssen wir selbst die Verantwortung dafür übernehmen. Es gibt niemanden außer uns selbst, der das tun könnte. Und wenn wir vor uns Hindernisse sehen, dann müssen wir uns entscheiden, ob sie real sind oder nur Einbildungen, die uns als Ausreden dienen, um zu vermeiden, was wir nicht wagen.

Wie beginnt man diesen Prozess? Der erste Schritt ist, den Entschluss zu fassen, dass man eine Änderung herbeiführen will. Und den Entschluss nicht nur in seinem Kopf zu fassen, sondern auch in seinem Herzen. Der nächste Schritt ist, dass man innehält und sich selbst ein paar Fragen stellt, zum Beispiel:

- Tue ich das, was für mich richtig ist?
- Tue ich das, was für den anderen richtig ist?
- Tue ich die richtigen Dinge?
- Warum tue ich sie?
- Was halte ich für wichtig und sinnvoll?

Es ist wichtig, dass man sich manchmal (nicht immer und überall) die Zeit nimmt, darüber nachzudenken, wo man sich befindet, wer man ist und wo man hinmöchte. Im Tempel von Delphi stand über dem Tor eine goldene Inschrift. Sie lautete: »Gnothi seauton«, was bedeutet: »Erkenne dich selbst«. Selbsteinsicht ist eine Voraussetzung für innere Entwicklung, ganz gleich ob es dabei um weltliche oder nichtweltliche Ziele geht.

Eine Methode, um herauszufinden, ob man im Leben an der richtigen Stelle steht, ist, sich auf eines der folgenden beiden Gedankenspiele einzulassen. Das eine heißt: »Wenn ich 75 Jahre alt wäre und auf mein Leben zurückschaute, würde ich dann zufrieden sein?« Wenn die Antwort ja lautet, dann ist man auf dem Weg zum Erfolg. Muss man die Frage mit einem Nein beantworten, ist es an der Zeit, weiter über seinen Weg nachzudenken.

Das andere Gedankenspiel heißt: »Was würde ich tun, wenn ich nur noch ein Jahr zu leben hätte?« Wenn man dann dahin kommt, dass man ungefähr so weitermachen würde, wie man jetzt sein Leben lebt, dann ist man auf dem richtigen Weg. Im anderen Fall muss man etwas weiter denken.

Bei diesem Gedankenspiel erhalten wir nicht immer deutliche Antworten, aber das ist auch nicht das Wichtigste. Das Wichtigste ist der Prozess selbst.

Selbstreflexion ist ein wichtiger Aspekt auf dem Weg zum Erfolg. Wir müssen innehalten und uns die Frage stellen, ob wir auf dem Weg zu dem Ziel sind, das uns am Herzen liegt. Allzu oft spüren wir, dass etwas nicht so ist, wie es sein sollte, aber aus verschiedenen Gründen wagen wir es nicht, den Kurs zu wechseln, weil der jetzige sicher oder einfach nur bekannt ist.

Der Psychiater Viktor Frankl hat betont, dass Erfolg nicht kommt, wenn wir danach streben, sondern wenn wir nach etwas streben, das uns sinnvoll erscheint. »Du sollst hören, was dein Gewissen dich zu tun anleitet, und es dann, so gut du irgend kannst, ausführen. Dann wirst du auf lange Sicht – und nur auf lange Sicht – erleben, wie der Erfolg auf dich zukommt, nur weil du vergessen hast, daran zu denken.«

Ich glaube, dass Frankl recht hat. Allzu viele, die nach Karrierezielen streben, werden, wenn sie sie erreicht haben, von einem Gefühl der Leere heimgesucht, woraufhin sie sich rasch neue Ziele stecken, um dann wieder dasselbe zu erleben. Wenn wir uns stattdessen auf das konzentrieren, was uns im Herzen sinnvoll erscheint, dann entsteht diese Leere nicht, sondern vielmehr ein Gefühl von Sinn und Richtung. Denn es ist ja immer noch so, dass wir mit zu Fäusten geballten Händen nicht viel festhalten können.

Wenn wir nach dem streben, was uns wichtig ist, kann uns manchmal das Gefühl überkommen, »getragen« zu werden. Wir spüren, dass es in uns Kräfte gibt, von deren Existenz wir keine Ahnung hatten. Manche Menschen erzählen, dass sie niemals geglaubt hätten, eine Aufgabe oder eine schwierige Situation meistern zu können, dass aber dann die Kraft, als sie sie am nötigsten brauchten, auf einmal da war. Es ist nicht das Ziel dieses Buches, zu erwägen, woher diese Kraft kommt, und ich habe natürlich auch gar keine sichere Antwort auf diese Frage. Wir geben uns besser damit zufrieden, dass der Mensch, wenn es wirklich nötig ist und wenn der Zweck ein guter ist, unendlich viel zustande bringen kann. Und es lohnt sich, nach diesem sehr speziellen Gefühl von Sinn und Richtung zu streben.

Es ist wichtig zu unterstreichen, dass das Sinnvolle für uns nicht das sein muss, was viele als groß und imponierend erleben. So kann es die Arbeit mit Menschen sein, die einem wichtig erscheint. Oder man spürt, wie bedeutend es ist, sich um seine Kinder zu kümmern. Oder einem Freund in Not zu helfen. Oder einen Baum zu pflanzen.

Helen Keller, die früh erblindete und das Gehör verlor, aber dennoch lernte, mit der Umwelt zu kommunizieren, und später eine Vorkämpferin für Menschenrechte und Frieden wurde, hat gesagt: »Ich sehne mich danach, eine große und edle Aufgabe zu erfüllen, doch ist es meine vornehmste Pflicht, kleine Aufgaben so zu erledigen, als wären sie groß und edel.« Wir können alle »im Kleinen« Sinn finden.

Es ist also nicht erforderlich, dass wir eine große Stadt errichten oder einen Wald pflanzen oder eine Oper schreiben, die an der Met in New York uraufgeführt wird. Wir müssen keineswegs internationale Superstars werden, die Millionen von Menschen kennen und als Idole verehren. Oder Nobelpreisträger. Oder olympische Goldmedaillengewinner. Es ist keineswegs so, dass Menschen, die Berühmtheit erlangt haben, ihr Dasein immer als sinnvoll empfinden.

Das Leben ist unendlich reich und voller Sinn. Problematisch ist nur, dass wir es oft so eilig haben, dass wir es nicht schaffen, all das Wichtige, das uns begegnet, und all das Sinnvolle, das wir tun, zu erleben. Oft sehen wir einfach nicht, was es an Wichtigem und Sinnvollem gibt, das wir tun können. Deshalb müssen wir manchmal innehalten und uns umsehen, um es wahrzunehmen. Wir müssen nach dem speziellen Gefühl von Sinn streben.

Manchmal erzählen schwerkranke Patienten davon, wie sinnvoll ihnen das Leben erscheint, wenn ihnen nicht mehr viel Zeit bleibt. Sie können den Sinn in einem schönen Tag entdecken, im Gesang der Vögel und in den alltäglichen Treffen mit einem anderen Menschen. Und so ist es ja – vieles von dem, was wir als gegeben hinnehmen, enthält tiefen Sinn und große Schönheit. Nur haben wir nicht immer Zeit, es zu sehen, hineinzuhorchen und dem nachzuspüren.

Wie findet man nun heraus, was für einen selbst sinnvoll ist? Die Antwort darauf müssen wir in uns selbst suchen, und in diese Suche müssen wir Zeit und Kraft investieren. Wir müssen uns Zeit zum Nachdenken nehmen. Manchmal gewinnen wir viel durch den Rat anderer Menschen. Ihre Sicht kann in einer Situation, der wir allein nicht gewachsen sind, konstruktiv und erlösend sein.

Als ich siebzehn Jahre alt war, begann ich zu rauchen. Meine Eltern, die beide Onkologen waren, freuten sich natürlich nicht darüber, aber das war mir egal, denn ich wollte ja, verdammt noch mal, rauchen! Nachdem ich drei Jahre lang geraucht hatte, spürte ich hinten im Gaumen eine kleine Verhärtung. Nach ein paar Wochen ging ich zu meinem Vater und bat ihn, mich zu untersuchen, und mir zu sagen, was das sei. Er schaute mir in den Mund und dann in die Augen und sagte mit ernster Stimme: »Stefan, du hast ein Vorstadium von Krebs.«

Ich hörte augenblicklich auf zu rauchen und habe seitdem keine Probleme mehr mit Verhärtungen im Mundraum gehabt. Und noch heute frage ich mich, was mein Vater in meinem Rachen gesehen hat. Aber er brachte mich dazu, mit dem Rauchen aufzuhören. Manchmal heiligt der Zweck die Mittel.

Meinem Vater gelang es zudem, durch äußeres Einwirken eine innere Motivierung in mir zu schaffen. Letztendlich sind es nämlich die inneren Beweggründe, die uns dazu antreiben, den richtigen Entschluss zu fassen. Andere können uns dazu nicht motivieren, aber sie können uns in der Weise beeinflussen, dass dieser besondere Generator namens innere Motivation aktiviert wird.

Doch wir müssen nicht immer zusammen mit anderen nachdenken. Manchmal müssen wir uns vielleicht Zeit geben, mit uns selbst allein zu sein. In der kollektiven Gesellschaft, in der wir heute leben, geschieht es nur selten, dass wir Zeit für uns selbst finden – Zeit, nachzudenken, uns selbst zu begegnen und uns zu fragen, wer wir sind, wohin wir gehen und welcher Sinn hinter unserem Tun steckt. Das ist keine leichte Aufgabe, aber wie schon Tomas Tranströmer schreibt: »Mitten im Wald gibt es eine Lichtung, die nur finden kann, wer sich verirrt hat.«

Manchmal, wenn auch nicht oft, kann man kluge Dinge auf Toilettenwänden lesen. Die folgenden weisen Wort, die ich gelesen und dann schnell aufgeschrieben habe, stammen von der Wand in einer öffentlichen Toilette und unterstreichen eine Tatsache, die zu bedenken sich lohnt: »Ich kenne niemanden, der sich auf dem Totenbett gewünscht hätte, mehr Zeit im Büro verbracht zu haben.«

ABSCHLUSS

Warum sollen wir freundlich sein? Warum sollen wir gut sein? Warum sollen wir uns ethisch verhalten? Die Antwort: Es gibt viele Gründe, Gutes zu tun. Hier sind einige davon:

- Es geht uns gut, wenn wir Gutes tun. Es gibt Untersuchungen, die zeigen, dass es als Genuss empfunden wird, gute Dinge für andere zu tun.
- Den Menschen in unserer Umgebung geht es gut, wenn wir Gutes für sie tun. Und es ist schön und anregend, wenn man von Menschen umgeben ist, denen es gut geht.
- Was wir für andere tun, bekommen wir auf die eine oder andere Weise zurück, und so schaffen wir indirekt Vorteile für uns selbst.
- Gesellschaften mit einem breit gefächerten ethischen Denken funktionieren besser als andere Gesellschaften.
- Wir bekommen eine bessere Welt. Selbst wenn der einzelne Mensch sich manchmal machtlos fühlt – wir sind miteinander verbunden. Vergessen Sie nicht, dass sich die Wirkung einer guten Tat wie Ringe auf dem Wasser ausbreiten kann. Wir können mehr für andere tun, als

wir glauben, und auf diese Weise unseren Beitrag zu einer Welt leisten, die wir gutheißen können. Und in einer guten Welt lässt es sich viel besser leben als in einer schlechten.

Und schließlich hat sich vielfach erwiesen: Wenn wir, von einem sicheren Urteilsvermögen unterstützt, freundlich sind, können wir alles gewinnen, und wir verlieren viel, wenn wir es nicht sind. Und dabei selbst zu gewinnen ist ja kein schlechter Grund, ein freundlicher Mensch zu sein. Genauer gesagt, das ist ein richtig guter Grund.

Der amerikanische Film *Ist das Leben nicht schön?* von Frank Capra gehört zu meinen absoluten Favoriten. In diesem Film lernen wir einen Mann kennen, von James Stewart gespielt, der in einem kleinen Ort lebt. Er möchte seine Heimat verlassen, um die Welt zu bereisen, sich eine Ausbildung zu verschaffen und großartige Projekte ins Leben zu rufen. Doch die Abreise wird immer wieder hinausgeschoben, und stattdessen muss er sich um den kleinen Familienbetrieb kümmern, der an die sozial Schwachen in der Gemeinde Bausparverträge vergibt.

Nach vielen Jahren bricht seine Welt zusammen, weil er einen Kredit nicht rechtzeitig zurückzahlen kann. Als er sich gerade das Leben nehmen will, damit seine Familie seine Lebensversicherung bekommt, tritt ein Engel in die Handlung ein und zeigt ihm all das Böse, das die Menschen in dem Ort hätten durchstehen müssen, wenn er nicht geboren worden wäre. Das Ende des Films kann selbst dem abgebrühtesten Zuschauer (zum Beispiel mir) die Tränen in die Augen treiben, wenn er sieht, wie die Menschen, denen der Mann viele Jahre lang geholfen hat, sich zusammenschließen, um diesmal ihm zu helfen.

Der Film zeigt nicht nur, dass wir alles gewinnen, wenn wir für andere Gutes tun, sondern auch, wie wir mit unseren Taten in das Leben von vielen Menschen eingreifen. Unsere Verantwortung für andere ist unendlich groß. Das empfinden manche als Überforderung. Aber diese Tatsache sollte uns eher mit einem Gefühl von Sinnhaftigkeit und Verantwortung erfüllen. Und am Ende ist es doch so, dass wir nur unser Bestes geben können.

Der amerikanische Präsident Theodore Roosevelt hat gesagt: »Die bei weitem wichtigste Zutat bei einem Rezept für Erfolg ist, zu wissen, wie man mit anderen zurechtkommt.« Dem stimme ich zu – nichts, was wir tun können, um ein erfolgreiches Leben zu befördern, ist wichtiger als die Fähigkeit, in guter Beziehung zu unseren Mitmenschen zu stehen. In der Begegnung mit anderen werden wir vollständige Menschen, und wir werden an der Beziehung zum Nächsten gemessen und beurteilt. Von anderen zwar, aber das ist nicht der wichtigste Aspekt daran. Die Hauptsache ist am Ende, wer wir vor uns selbst sind, und vor allem, was das mit (Mit-)Menschlichkeit zu tun hat.

Ein anderer amerikanischer Präsident, John F. Kennedy, sagte in seiner Antrittsrede 1961: »Frage nicht, was dein Land für dich tun kann. Frage lieber, was du für dein Land tun kannst.« Diese klugen Worte können wir gleich auf uns selbst und unser Verhältnis zu unserer Umwelt anwenden: »Frage nicht, was die anderen für dich tun können. Frage lieber, was du für sie tun kannst.« Mit dieser Einstellung werden wir viel mehr zurückbekommen, als wenn wir Forderungen an unsere Umgebung stellen. Mit dieser Haltung werden wir in unserem Leben Erfolg haben. Die Wahrheit ist: Wir haben Erfolg dadurch, dass wir andere erfolgreich machen.

Es gibt die Geschichte, wie der Nordwind und die Sonne darum streiten, wer der Stärkste von ihnen sei. Sie beschließen, die Sache zu entscheiden, indem sie darum wetteifern, wer einem Mann, der auf einem Weg wandert, den Mantel abnehmen könne. Der Nordwind bläst so viel er kann, doch das führt nur dazu, dass der Mann den Mantel noch fester um sich wickelt. Dann scheint die Sonne mit aller Kraft. Dem Mann wird warm, und er zieht den Mantel aus.

So ist es wohl auch in der Wirklichkeit: Wenn wir etwas erreichen wollen, dann sind unsere Möglichkeiten, dass uns das gelingt, viel größer, wenn wir warm und liebevoll sind, als wenn wir uns aggressiv und gewaltsam verhalten. So hat Bamse, der stärkste Bär der Welt, diese Wahrheit formuliert: »Lieber nett als stark.«

In Südafrika gibt es einen speziellen Begriff – *ubuntu*. Er ist schwer in eine westliche Sprache zu übersetzen, doch er handelt davon, was es heißt, Mensch zu sein. Der Nobelpreisträger Desmond Tutu hat in seinem Buch »Keine Zukunft ohne Versöhnung« über *ubuntu* gesagt: »Da ist man großzügig, gastfreundlich, freundlich, fürsorglich und mitleidsvoll. Eine Person mit *ubuntu* ist offen und zugänglich für andere, bejaht andere, fühlt sich nicht bedroht davon, dass andere tüchtig und gut sind, denn er oder sie besitzt eine innere Sicherheit, die darauf beruht, dass er oder sie in einem größeren Zusammenhang zu Hause ist.«

Ich glaube, das ist die beste Beschreibung des Begriffs »freundlich«, die ich kenne.

Der englische Schriftsteller und Philosoph Aldous Huxley sagte gegen Ende seines Lebens: »Es ist ein wenig peinlich, sich das ganze Leben lang dem menschlichen Dilemma gewidmet zu haben, um am Ende einzusehen, dass man nicht mehr raten kann, als: ›Versuche, etwas freundlicher zu sein.‹« So einfach – und so schwer – ist es letztendlich: Freundlichkeit ist das Größte, was wir unserer Umwelt und uns selbst bieten können.

VORSCHLÄGE ZUM WEITERLESEN

Für alle, die sich weiterhin in der edlen Kunst, ein freundlicher Mensch zu sein, üben wollen, gibt es eine Reihe von Veröffentlichungen, aus denen man Inspiration gewinnen kann. Hier sind einige Vorschläge für Bücher, die die Frage aufgreifen, wie wir ein gutes Leben führen können.

Martin Buber: Das dialogische Prinzip. Gütersloher Verlagshaus, Gütersloh 2002

Malcolm Gladwell: Blink! Die Macht des Moments. Aus dem Englischen von Jürgen Neubauer. Piper Verlag, München 2007

Harold Kushner: Vom Glück im Unglück. Aus Enttäuschungen im Leben lernen. Aus dem Englischen von Rebekka Meyer. Gütersloher Verlagshaus, Gütersloh 2007

Nelson Mandela: Der lange Weg zur Freiheit. Aus dem Englischen von Günter Panske. S. Fischer Verlag, Frankfurt a. M. 1994

Frans de Waal: Good Natured. The Origins of Right and Wrong in Humans and Other Animals. Harvard University Press, 1996

Jeffrey E. Young / Janet S. Klosko: Sein Leben neu erfinden. Junfermann, Paderborn 2006